Este libro pertenece a

____

...una mujer conforme al corazón de Dios.

Libros de Elizabeth George:

Acaba con tus preocupaciones… ¡para siempre!
Ama a Dios con toda tu mente
Biblia de la mujer conforme al corazón de Dios
Colosenses/Filemón: Descubre la gracia de Dios
Cómo criar a una hija conforme al corazón de Dios
Encuentra la senda de Dios en medio de tus problemas
Ester: Descubre cómo ser una mujer bella y fuerte
Filipenses: Experimenta la paz de Dios
Guía de una joven para descubrir su Biblia
Guía de una mujer para las buenas decisiones
Hechos: El poder del Espíritu Santo
Jardín de la gracia de Dios
Jueces/Rut: Cultiva una vida de integridad
Lucas: Vive con pasión y propósito
María: Cultiva un corazón humilde
Momentos de gracia para el corazón de la mujer
1 Pedro: Cultiva un espíritu afable y apacible
Promesas poderosas para toda pareja
Proverbios 31: Descubre los tesoros de una mujer virtuosa
Proverbios para el corazón de la mujer
Sabiduría de Dios para la vida de la mujer
Santiago: Crece en sabiduría y fe
Sara: Camina en las promesas de Dios
Sigue a Dios con todo tu corazón
Tienes un amigo en Jesús – para chicas
Un minuto con las mujeres de la Biblia
Una esposa conforme al corazón de Dios
Una madre conforme al corazón de Dios
Una mujer conforme al corazón de Jesús
Una mujer que ora por su esposo
Una pareja conforme al corazón de Dios

Sigue a Dios con todo tu corazón

Cree y vive el plan de Dios para ti

ELIZABETH GEORGE

EDITORIAL PORTAVOZ

La misión de Editorial Portavoz consiste en proporcionar productos de calidad —con integridad y excelencia—, desde una perspectiva bíblica y confiable, que animen a las personas a conocer y servir a Jesucristo.

Título del original: *Following God with All Your Heart*

Las cursivas en los versículos son énfasis de la autora.

EDITORIAL PORTAVOZ
2450 Oak Industrial Dr. NE
Grand Rapids, Michigan 49505 USA
Visítenos en: www.portavoz.com

ISBN 978-0-8254-5906-1

3 4 5 / 25 24

Impreso en los Estados Unidos de América
Printed in the United States of America

Contenido

Una invitación

Con frecuencia me preguntan qué es lo que me induce a escribir un libro determinado, por eso es posible que te preguntes lo mismo al tener este libro en tus manos. Normalmente, hago hincapié en varios momentos decisivos de mi recorrido con Dios.

Cuando comencé mi caminar con el Señor, a la edad de veintiocho años, me propuse memorizar las Escrituras. Empecé a cumplir con la memorización de versículos de la Biblia llevando montones de ellos conmigo para leerlos cuando disponía de un corto tiempo libre. Cada uno de los versículos que aprendí de memoria ha sido muy valioso para mí. Con frecuencia, ellos vienen en mi auxilio o me animan cada vez que me encuentro en una encrucijada, mientras sigo a Dios con todo mi corazón.

Los seis versículos que enfatizo a lo largo de este libro me han servido especialmente como consejeros constantes durante las tres últimas décadas. Me sostuvieron en momentos de ansiedad y me motivaron a ser obediente cuando enfrenté lo desconocido y cuando todo en mi interior deseaba resistirse a hacer lo que Dios me pedía que hiciese, debido a que nunca lo había hecho.

Al empezar a crecer en Cristo, aprendí que yo, al igual que todas las demás cristianas, había sido salva con un propósito, tenía una misión de Dios que cumplir, por así decirlo. Me di cuenta de que Dios no solo deseaba mi adoración y mi servicio hacia Él,[1] sino que quería que cumpliera el plan que tenía para mi vida. Aunque esto era emocionante, también era algo que me asustaba. Mi situación era la siguiente: tenía sueños…, pero me sentía atemorizada; tenía oportunidades…, pero estaba asustada.

Los seis versículos que destaco a lo largo de este libro vinieron de nuevo a mi rescate y aún continúan haciéndolo. No solo se han convertido en un estímulo sólido, sino que me permiten, al mismo tiempo, comprender la segunda parte de mi misión: servir a Dios y vivir conforme a su plan.

Luego en mi caminar, me encontré con el tema de la obediencia. Seguir a Dios y cumplir su misión de servirle de todo corazón a veces se convierte en una lucha. Las personas somos pecadoras, perezosas, nos sentimos atemorizadas y somos insensatas. Hasta el apóstol Pablo admitió tener estas luchas. Él escribió: "Y yo sé que en mí, esto es, en mi carne, no mora el bien; porque el querer el bien está en mí, pero no el hacerlo. Porque no hago el bien que quiero, sino el mal que no quiero, eso hago" (Ro. 7:18-19).

Amiga mía, estos seis preciosos versículos me han ayudado a mantener mi vista fija en Dios para realizar mi deseo de seguirlo totalmente, sin reserva alguna —confiar en Él, avanzar en fe, enfrentarme con los riesgos necesarios para poder crecer, dejarme guiar por Él, buscar y vivir su plan y su voluntad día tras día—. Me han ayudado a alcanzar la victoria en mi búsqueda de creer y poner en práctica los propósitos de Dios. Al mismo tiempo, me han dado la seguridad de que puedo confiar en el Señor y seguir adelante para cumplir su plan para mi vida con *éxito, valentía, fuerza, humildad, satisfacción y confianza.*

Lectora, es mi deseo ofrecerte mi especial colección de pasajes de las Escrituras con la sincera oración de que transformen tu vida, que se conviertan en un reto para que alcances niveles superiores de crecimiento y madurez espiritual, para que te ayuden a seguir adelante en tu deseo de convertirte, por la gracia de Dios, en…

… una mujer exitosa (Jos. 1:8)
… una mujer valiente (Jos. 1:9)
… una mujer excepcional (Ro. 12:2)
… una mujer humilde (1 P. 5:5-6)

… una mujer satisfecha (Sal. 84:11)
… una mujer segura (Fil. 4:13)

Y ahora, mi querida hermana, permanece firme e inamovible, abunda siempre en la obra del Señor, sabiendo que tu esfuerzo en Él no es en vano (ver 1 Co. 15:58). Mi deseo es que tú:

Confíes en el Señor con todo tu corazón.
Lo busques con todo tu corazón.
Lo ames con todo tu corazón.
Lo alabes con todo tu corazón.
Lo sigas con todo tu corazón.
Lo sirvas con todo tu corazón.
Vivas su voluntad con todo tu corazón…
Y la vivas ¡sin reservas![2]

Sección 1

Cómo ser una mujer exitosa

Cualquier cosa que haga el hombre sin Dios será un miserable fracaso o un éxito aun más miserable.

George Macdonald

1

El éxito como algo sencillo

Nunca se apartará de tu boca este libro de la ley,
sino que de día y de noche meditarás en él,
para que guardes y hagas
conforme a todo lo que en él está escrito;
porque entonces harás prosperar tu camino,
y todo te saldrá bien.

JOSUÉ 1:8

Comencé a escribir este libro acerca de seguir a Dios con todo nuestro corazón, luego de despedir a mi hija Courtney y sus cuatro pequeños, que se dirigían en su auto a la base naval de Pearl Harbor con el propósito de finalizar su traslado a Hawai. Puedo decir que este es el tercer día de agitadas idas y venidas, pero eso no importa. ¡Todos nosotros acabamos de presenciar un doble arco iris! Ese increíble espectáculo y el hecho de que mi hija está siguiendo feliz a su marido —que está en la Marina sirviendo a su país y haciendo su carrera— hace que me sienta contenta. ¿Por qué? Porque ella está poniendo en práctica el tema acerca del cual estoy escribiendo en este libro. En sus diferentes y a veces difíciles papeles como esposa de un marino y madre de cuatro niños pequeños, Courtney sigue con éxito a Dios con todo su corazón.

Es posible que el Señor no te pida que te traslades con tu familia a Hawai, aunque eso no sería tan malo, pero puede ser que te pida que lo sigas donde sea que te encuentres y con lo que sea que te enfrentes en estos momentos. ¿Cómo puedes tener éxito en seguir a Dios representando todos los diferentes papeles y cumpliendo las responsabilidades que tiene para ti? Él te mostrará el camino..., si se lo permites.

Dios te da la manera de conseguir el éxito

¿Te animaría saber que Dios trata el tema del "éxito" en la Biblia? ¡Lo hace! De hecho, Él nos ofrece un plan muy detallado para alcanzar el *verdadero* éxito en nuestros esfuerzos y en nuestras vidas. Cuando sigues sus sencillas normas, tal como se mencionan en Josué 1:8-9, Dios te concede sus abundantes bendiciones por los esfuerzos que realizas y por tu perseverancia:

> 8 Nunca se apartará de tu boca este libro de la ley, sino que de día y de noche meditarás en él, para que guardes y hagas conforme a todo lo que en él está escrito; porque entonces harás prosperar tu camino, y todo te saldrá bien.
> 9 Mira que te mando que te esfuerces y seas valiente; no temas ni desmayes, porque Jehová tu Dios estará contigo en dondequiera que vayas.

La primera vez que descubrí el plan para alcanzar el éxito, no hacía mucho que era cristiana. A pesar de que solo tenía veintiocho años, que solo hacía ocho años que me había casado con Jim y que era una madre que se esforzaba por enseñar a dos hijas de edad preescolar, no sabía nada acerca de los caminos de Dios o sus definiciones del éxito. Prácticamente, todo lo que había experimentado era todo lo contrario al éxito. Conocía bien lo que significaba vivir y sentir el fracaso.

Afortunadamente y por la gracia de Dios, acepté a Jesús como mi Dios y Salvador. Después, con la guía de cristianos maduros, comencé de inmediato a memorizar los versículos de la Biblia. El segundo versículo (o versículos en este caso) que aprendí de memoria fue Josué 1:8-9. Lo escribí en un cuaderno pequeño en forma de espiral y lo apoyé sobre el alféizar que está encima del fregadero de mi cocina. Me llevó semanas enteras aprenderlo, sí, *¡semanas!* De hecho, casi tardé un mes en memorizarlo, pero ¡oh, qué pasaje tan estupendo! Lee de nuevo el versículo 8 y te darás cuenta de por qué tardé tanto. Este versículo es la receta del éxito de Dios.

Quiero que esto sea algo que veamos, experimentemos, retengamos y sepamos. Empieza con Josué, un hombre que siguió a Dios con todo su corazón.

Un hombre que siguió a Dios de todo corazón

¿Te estás preguntando por qué un libro para mujeres empieza con un hombre, con alguien llamado Josué?

- Josué deseó seguir a Dios de todo corazón.
  Y creo que tú eres como yo y quieres hacerlo también.
- A Josué le fueron dadas enormes responsabilidades.
  Y a ti también te han dado tu propia lista de obligaciones.
- Josué era un guerrero para Dios.
  Tú también lo eres. (El significado de "virtuosa", usado para describir el ideal de la mujer de Dios en Proverbios 31:10, también describe al guerrero).
- Josué quería tener éxito en las labores que Dios le había encomendado.
  Me imagino que tú también lo deseas.

Cuando empecé a memorizar Josué 1:8, no sabía nada acerca de este hombre de Dios, a excepción de una línea de una canción que había oído de niña: "Josué luchó en la batalla de Jericó, y las murallas se derrumbaron". Me preguntaba: *¿Quién fue este hombre en realidad?* Y lo descubrí.

Josué fue amigo y ayudante de Moisés. Como su colaborador, a Josué se le permitió recorrer la mitad del camino al Monte Sinaí con Moisés, el dirigente del pueblo israelita. También estuvo cuando Dios personalmente transmitió su ley a Moisés y cuando le habló cara a cara como a un amigo. Josué, el amigo de Moisés desde su juventud, estuvo al corriente de la relación personal que disfrutó Moisés con Dios, como hombre que lo siguió de todo corazón. Josué fue testigo de la fe de Moisés, presenció su obediencia, compartió lo que sintió en su corazón, observó cómo dirigió al pueblo de Dios y recibió su enseñanza... durante cuarenta años.

Al igual que su maestro, Josué siguió al Señor fielmente, hablando con él y escuchándolo (Jos. 1:1). En ese entonces, a Josué le fue dado el mandato de levantarse y cruzar el Jordán. Dios estaba diciendo: "Ve al otro lado del río. Ya sabes, al lugar donde viven los paganos y los bárbaros, la tierra de los gigantes. Es allí donde espera la herencia de mi pueblo. ¡También la tuya! Y por cierto, Josué, tendrás que apoderarte de ella por la fuerza, por medio de batallas".

Escuchar los mandamientos y la tarea que Dios le encomendó debió de ser algo que hizo que Josué se echase a temblar. El Señor evidentemente conocía las dudas y los temores de Josué porque tres veces, en el primer capítulo de Josué, Dios le dice a este soldado: "esfuérzate y sé valiente":

- ✤ "Esfuérzate y sé valiente; *porque tú repartirás a este pueblo por heredad la tierra de la cual juré a sus padres que la daría a ellos*" (v. 6).
- ✤ "Solamente esfuérzate y sé muy valiente, para cuidar de hacer conforme a toda la ley que mi siervo Moisés te mandó; no te apartes de ella ni a diestra ni a siniestra, *para que seas prosperado en todas las cosas que emprendas*" (v. 7).

- "Mira que te mando que te esfuerces y seas valiente; no temas ni desmayes, *porque Jehová, tu Dios, estará contigo en dondequiera que vayas*" (v. 9).

¿Te has fijado en que, después de cada uno de estos mandamientos, Dios añade una promesa dorada? (Las he puesto en cursiva para ti). ¡Asegúrate de tomar nota de ellas! Al igual que Josué, tras tu obediencia se encuentra la bendición de Dios.

Josué fue el sucesor de Moisés. ¿Por qué Dios le dio este mandamiento a Josué? Porque Moisés, el gran dirigente de los israelitas, había muerto. Dios le pasó el liderazgo sobre su pueblo a Josué. ¡Qué enorme responsabilidad! Imagínate lo que representa la labor de motivar aproximadamente a dos millones y medio de personas obstinadas, quejosas, quisquillosas y rebeldes.[1] Y no solamente tener que gobernarlas, sino dirigirlas en la batalla. Sin embargo, esa fue precisamente la labor que le encomendó Dios a Josué. Como comandante militar y guerrero, debía dirigir a un grupo difícil a la Tierra Prometida para tomarla por la fuerza.

Moisés fue un pastor antes de dirigir al pueblo, y su instrumento para dirigir era una vara, que era un arma que usaban los pastores, pero ¿Josué? Él era un guerrero, y lo normal hubiera sido que guiase por medio de una espada y una lanza, dos armas que sin duda necesitaría porque la tierra al otro lado del río Jordán estaba plagada de enemigos y de soldados gigantes. Ni uno solo estaba dispuesto a entregar su tierra a un pueblo extraño. ¡Sin duda, lucharían por quedarse con lo que les pertenecía!

Y Josué venía siguiendo a Moisés, el más grande de los líderes que el mundo había conocido hasta entonces. ¡Es posible que *jamás* haya habido otro como él! (Excepto Jesús, claro está.) Sí, Josué tenía un papel de enorme importancia que representar y nada *iba a ser fácil* para él y nada le iba a resultar sencillo.

El corazón de una mujer para Dios

Me alegro de haber descubierto, temprano en mi vida cristiana, lo que me serviría de guía en la vida, me infundiría confianza y me llevaría al éxito: las palabras que le habló Dios al corazón temeroso de Josué, en Josué 1:8-9. Cuando traigo a mi memoria aquel día en que aprendí sobre este guerrero, puedo verme sentada ante mi mesa, rodeada de libros de investigación que me enseñaron mucho acerca de este hombre de carne y hueso, que se sintió atemorizado por el camino que tenía ante sí, pero que a pesar de ello obedeció el mandato de Dios de seguir adelante. Estaba allí asombrada, pensando: *¡Qué barbaridad! Esta también soy yo, y esto se aplica también a mí como mujer. Dios me ha dado grandes responsabilidades. Me ha dado una enorme descripción de mi tarea como su hija, como esposa y como madre de dos niñas pequeñas, como la encargada de nuestro hogar. Pero al mismo tiempo, espera que yo tenga un corazón para Él, que crezca espiritualmente y que sirva a su pueblo. Sí, puedo realmente identificarme con los sentimientos de Josué cuando recibió sus órdenes de marchar. ¡Da miedo!*

Y es verdad: las mujeres cristianas tienen tareas exigentes con las que enfrentarse, muchas de las cuales deben llevarlas a cabo todos los días. Dios tiene también sus objetivos para cada una de nosotras. En la Biblia, deja muy claras sus instrucciones para nosotras respecto al papel que debemos representar. Al mismo tiempo, están las cualidades relacionadas con la personalidad que Él nos pide que desarrollemos, junto con las obras de bondad y ayuda que nos encomienda para con otros. También debemos continuamente crecer e incrementar nuestro conocimiento de Él, mejorar nuestro caminar con Él, hacer uso de nuestros dones en el servicio, realizar un ministerio, dar testimonio a aquellos que no conocen a Cristo, ser trabajadoras ejemplares, esforzarnos para ser de ayuda, ser buenas hijas, nueras, parientas y…, y…, y… *¡Cuántas cosas!* Y no hay fin a todo lo que debemos hacer.

No puedo evitar sonreír al recordar un libro que hojeé en una librería cristiana. La escritora habla en él de lo que llama "las seis principales causas de estrés en la vida de la mujer":

1: los hijos
2: la falta de tiempo
3: los desacuerdos con el marido
4: los problemas económicos
5: las tareas de la casa
6: la carrera o el trabajo fuera de la casa

¡Sí, señora! No hay duda de que me puedo identificar con todo ello. Por ejemplo, el número 5, el trabajo en la casa. La verdad es que el trabajo de la mujer no se acaba *nunca*, ni siquiera cuando creemos que hemos terminado. Un martes limpié toda mi casa. Esa noche mis dos hijas que vivían en dormitorios de una facultad cercana vinieron a casa con algunas amigas para disfrutar el ambiente hogareño. Yo tenía sopa recién hecha en la cocina, de la que ellas se sirvieron. Ciertamente, pudieron pasar un rato agradable antes de tener que regresar a sus respectivos lugares.

A la mañana siguiente, cuando entré en la cocina me encontré con un verdadero desorden. Había sopa derramada sobre la cocina, entre los quemadores, delante del horno e incluso por el suelo. El grupo también había estado haciendo galletas y habían dejado los cacharros sucios, el cuenco para mezclar, las batidoras, las tazas de medir para que lave…, ¿adivina quién? Supongo que yo. Mientras limpiaba pensaba: *¿No acabo de hacer esto? No han pasado ni siquiera veinticuatro horas desde que lo hice, y mi cocina está hecha un asco. El trabajo de la casa no termina nunca, siempre hay cosas que hacer.*

Un libro al que me gusta referirme con frecuencia trata una variedad de épocas por las que pasa el matrimonio. Detalla los diferentes retos que acompañan a cada edad y etapa. Empieza con "conocerte" durante el romance, con toda su frescura y expectativas, pasa por las diferentes décadas de la vida matrimonial, y llega a la realidad de prepararse para la muerte de una misma o del cónyuge.

Al igual que Josué, al que se le dijo que se ocupase del pueblo de Dios, que fuese a la batalla, que derrotase a los enemigos y conquistase la tierra, en ocasiones siento un gran temor en mi corazón y me siento abrumada por lo que está sucediendo y por lo que puede pasar.

Al igual que le sucedió a Josué, necesito quien me anime.

Al igual que Josué, me pregunto con frecuencia si puedo estar a la altura de las expectativas que Dios tiene de mí. ¿Puedo realmente llevar a cabo lo que Él me ha asignado?

Y como le sucedió a Josué, necesito una fórmula segura de Dios que me dé la confianza necesaria para permanecer firme y perseverar en las cosas que sé que están bien. Quiero poder avanzar cumpliendo mi deseo de ser lo que Dios quiere que yo sea y poder hacer lo que Él quiere que yo haga: ser una mujer con un corazón para Él.

El éxito comienza siguiendo la Palabra de Dios

La vida está llena de retos, de tareas que realizar, de necesidades, de rutinas, de trabajo y de sorpresas. Y es fácil —e incluso natural— sentirnos ansiosas, temerosas e inseguras en ciertas ocasiones, tal como me sucede a mí y, evidentemente, como le sucedió a Josué. Él era muy joven en comparación con Moisés (quien tenía 120 años cuando murió, y Josué se hizo cargo del liderazgo). Josué se sintió atemorizado al pensar en tener que ir a la guerra en contra de gigantes y otros enemigos, con su banda de hombres que habían sido esclavos y que no estaban entrenados para luchar. (Los hebreos habían sido esclavos egipcios durante más de 400 años). Hasta es posible que Josué se sintiese cansado antes de empezar. Tal vez se preguntase, como lo hago yo a veces: *Pero ¿cómo Señor? ¿Cómo voy a hacer todo esto? ¿Cómo voy a cumplir tus mandamientos? Quiero seguirte con todo mi corazón..., pero ¿cómo, cómo Señor? ¡Ayúdame!*

Apuesto cualquier cosa a que a ti también te han pasado por la mente estos pensamientos, estas preguntas y estos temores. Al leer la lista de todas las cosas que tienes que hacer para Dios, las tareas que Él te ha encomendado, la multitud de responsabilidades que caen sobre tus hombros para que las lleves a cabo y las soportes, todo el trabajo para realizar y que Dios espera que te hagas responsable de él, al pensar en el aumento del dolor ante los retos físicos, la Palabra de Dios te habla, te anima y te sirve de instrucción. Y esto es algo que primeramente le fue dicho a Josué para darle confianza, mientras se enfrentaba con lo que parecía una situación imposible:

> *Cuando firmes y obedientes, decidimos creer en Dios y actuar conforme a sus promesas, su bendición y su éxito están a nuestro alcance.*

> "Nunca se apartará de tu boca este libro de la ley, sino que de día y de noche meditarás en él, para que guardes y hagas conforme a todo lo que en él está escrito; porque entonces harás prosperar tu camino, y todo te saldrá bien" (Jos. 1:8).

Estas instrucciones contienen un encargo sencillo: *conocer la Palabra de Dios y ponerla en práctica.* Si nosotras decidimos seguir el consejo de Dios, Él nos asegura en el resto de este versículo que tendremos "prosperidad" o que "todo nos saldrá bien". En otras palabras, el resultado será exitoso gracias a nuestra valentía, confianza, esperanza de victoria y sabiduría que viene de enfocarnos en su Palabra y sus promesas. Cuando firmes y obedientes decidimos creer en Dios y actuar conforme a sus promesas —negándonos a dejarnos llevar por temores, incapacidades y cansancio—, su bendición y su éxito están a nuestro alcance.

Dios le dio instrucciones a Josué así como esperanza por medio de estas palabras. Y esas mismas instrucciones y esperanzas están a tu alcance. Es sencillo: si conoces la Palabra de Dios y la cumples, tendrás éxito en lo que realices, podrás cumplir con lo que Él te haya asignado y complacerlo, mientras avanzas con toda confianza.

Un paso adelante

¿Dónde te ha colocado Dios hoy? ¿Qué papeles y responsabilidades te ha dado? ¿Qué sueños y deseos tienes? Muchas de estas aspiraciones indican la dirección de Dios en tu vida. Por favor, dedica algún tiempo a averiguar lo que dice la Palabra de Dios acerca de los papeles que debes representar y ora por ellos. Y al mismo tiempo, ¿por qué no apuntar algunos de tus sueños? Escríbelos en tu Biblia, en tu libro de oración, en tu diario o en tu cuaderno especial, dedicado a soñar y a realizar planes.

Y si no conoces el plan y propósito de Dios para ti, y no se te ocurre ningún sueño para servirle a Él en el futuro, empieza hoy a convertir en realidad los objetivos que Él tiene preparados y apRópiate de ellos. Es difícil seguir adelante si no sabes a dónde te diriges. Una vez que hayas entendido a dónde se supone que debes ir, que sepas lo que se supone que debes hacer y que tengas los objetivos que te ayuden a llegar allí…

- Podrás empezar a orar acerca de ellos. La oración diaria se convierte en el aliciente que te ayuda a ir hacia delante, para realizar el plan y el propósito especial de Dios para *ti*. (Recuerda que Él llamó solo a una persona para dirigir a dos millones y medio de personas: Josué).
- También podrás empezar a descubrir lo que Dios tiene que decir acerca de tus obligaciones y tus sueños.

Cuando encuentras las respuestas en la Palabra de Dios, estas se convertirán en la dirección concreta. Tendrás gran confianza, mientras la incertidumbre es eliminada.

- Puedes buscar maestros, mentores, clases y libros que te sirvan de ayuda. (Hasta Josué tuvo que ser enseñado por Moisés a fin de que pudiese cumplir los propósitos de Dios).
- Puedes memorizar versículos que te ayuden a sentir confianza y que te animen a alcanzar tus objetivos. (Dios le dijo a Josué que debía conocer y meditar en su Palabra).
- Puedes trazar un plan que te ayude a alcanzar y cumplir con éxito las labores que Dios te haya asignado. (¡No tengo la menor duda de que Josué, el guerrero, tenía un plan de batalla!).

Durante tu esfuerzo por alcanzar esos dorados objetivos, sucederán cosas. ¡Cuenta con ello! Al igual que le sucedió a Josué, los obstáculos y las emociones harán, sin duda alguna, su aparición en tu camino al éxito, y te darán fuerzas, te pondrán a prueba y te empujarán hacia el crecimiento. Y cada paso dado en el poder de la Palabra de Dios, a pesar de la multitud de retos, hará que tengas una relación más íntima con Él. Su Palabra, todopoderosa, te animará y te fortalecerá a lo largo de todo el recorrido. Sí, es posible que fracases, que te quedes atrás, que metas la pata y que te caigas más veces de las que quisieras, pero sé como Josué: depende de Dios, haz lo que Él dice y lo que Él te pide que hagas en su Palabra. Y ora todo el camino. ¡Esto te dará el deseo y la confianza, además del poder necesario, para seguir creciendo! Y mientras sigues fielmente al Señor, prosperarás y disfrutarás la clase de éxito de Dios. Serás bendecida por Él.

El que camina conforme a la Palabra de Dios
actúa con sabiduría y felicidad,
pero aquel que lo hace según sus propias ideas
actúa con falta de sabiduría y sin provecho.

Martín Lutero

2

El punto de partida para alcanzar el éxito

Nunca se apartará de tu boca este libro de la ley,
sino que de día y de noche meditarás en él,
para que guardes y hagas
conforme a todo lo que en él está escrito;
porque entonces harás prosperar tu camino,
y todo te saldrá bien.

JOSUÉ 1:8

A mí me encanta escribir libros y también leerlos, de manera que visito la Internet con regularidad así como las librerías más populares, por no mencionar los montones de rincones donde se pueden encontrar libros en los aeropuertos, en tiendas y kioscos. ¡No lo puedo evitar! Me asombra la cantidad de títulos que prometen ofrecer "claves", o "pasos", o "maneras" o "secretos" para alcanzar el éxito. Y aunque parezca sorprendente, da la impresión de que se venden bien. Me imagino que es debido a que sentimos un deseo natural de alcanzar nuestros objetivos, descubrir y cumplir nuestros propósitos. *Queremos* tener éxito en nuestra casa y en nuestras familias. *Queremos* que nos vaya bien el trabajo y ser excelentes en nuestras actividades, distracciones, pasiones y habilidades.

Uno de los más importantes mensajes que jamás se han escrito acerca del éxito se encuentra en la Biblia, en Josué 1:8-9. Estas palabras nos hablan acerca del camino al éxito. Dedica un minuto a leer de nuevo este versículo escrito al principio de este capítulo, el versículo 8. Al hacerlo, recuerda que terminamos el último capítulo con el reto de pensar acerca de nuestras vidas y nuestras responsabilidades, de nuestros sueños y nuestros objetivos, del éxito visto a través de los ojos de Dios.

Ahora, echemos un vistazo al punto de partida para alcanzar el éxito y la manera en que nos estimulará si seguimos a Dios con todo nuestro corazón.

El origen del éxito

¿Te has fijado en las cinco palabras que nos transmiten las instrucciones de Dios acerca del éxito? "Este libro de la ley". La Biblia es la verdad divina. Dios y su Palabra son el principio de una vida de bendición, el punto de partida para alcanzar el éxito en todo lo que es realmente importante. Funciona de la siguiente manera: cuando Dios y su Palabra moran en tu corazón, ocupan tus pensamientos y guían tus pasos, Él bendice los esfuerzos y los emprendimientos que realizas.

La Biblia no es magia, leerla no te da suerte, pero es poderosa. De hecho, ¡es dinamita! Y aquí te explico el porqué.

La Biblia es la Palabra de Dios. No hay nada como ella, porque procede de Él. "Toda la Escritura es inspirada por Dios…" (2 Ti. 3:16). La Biblia es el aliento de Dios. Y debido a que tiene su origen en Él, podemos depositar toda nuestra confianza en ella, como si viniera directamente del corazón de Dios al nuestro.

La Biblia está viva. ¡Es algo que transforma nuestra vida! La Palabra de Dios moldea nuestras vidas, obrando de manera activa en nosotros… Y sobre nosotros. "Porque la palabra de Dios es viva y eficaz, y más cortante que toda espada de dos filos; penetra hasta partir el alma y el espíritu, las coyunturas y los tuétanos, y discierne los pensamientos y las intenciones del corazón" (Heb. 4:12) Como el bisturí del cirujano, corta y llega a lo más hondo de nuestro ser, a nuestros pensamientos, nuestros motivos, nuestras actitudes, nuestros deseos y nuestras intenciones, para revelarlas y mostrarlas tal como son.

La Palabra de Dios es un mapa que puedes seguir y que te mantendrá a salvo en tu viaje por la vida.

La Biblia es una fuerza. Ella obra de manera activa en nosotras y a nuestro favor. Es "...como fuego... y como un martillo que quebranta la piedra..." (Jer. 23:29).

La Biblia es una defensa en contra de la tentación. Jesús tuvo que luchar contra el ataque de Satanás, sus tentaciones y mentiras, declarando cada vez que fue incitado por el demonio: "Escrito está..." y un pasaje de las Escrituras (Mt. 4). Al igual que nuestro Maestro, nosotros tenemos que luchar en contra de los ataques de Satanás con "...la espada del Espíritu, que es la Palabra de Dios" (Ef. 6:17). La Palabra nos protege como una pieza de "...toda la armadura de Dios..." (v. 13).

La Biblia es una guía. Sus verdades nos sirven de guía. A veces, ¿te sientes perdida? ¿Has necesitado consejo y dirección? La Palabra de Dios es un mapa que puedes seguir y que te mantendrá a salvo en tu vida. El salmista admitió que era un "forastero en la tierra" y le suplicó a Dios que no ocultase sus mandamientos ni su dirección (Sal. 119:19). Él dijo: "Lámpara a mis pies es tu palabra, y lumbrera a mi camino" (v. 105).

El poder de la Palabra de Dios

No hay duda alguna de que si tomamos muy en serio la Palabra de Dios, esta se convierte en poder, sabiduría y ministerio, público o privado. He sido testigo de esa transformación. Por ejemplo:

> En una ocasión, en nuestro proceso de crecimiento espiritual, Jim y yo tuvimos la oportunidad de escuchar a un predicador invitado en nuestra iglesia. Su nombre era Harold Lindsell, el editor de la revista *Christianity Today* [Cristianismo hoy] en aquel entonces. Visitó la clase de nuestra iglesia para matrimonios jóvenes después de haber hablado desde el púlpito durante el servicio. Su formato para nuestra clase fue un tiempo dedicado a preguntas y respuestas. Una tras otra, respondió una serie de preguntas, dirigiendo y contestando cada una de ellas.
>
> En aquella época, Jim era estudiante en el seminario, y su propósito era aprender todo cuanto pudiese acerca de la Biblia. Por eso, se quedó totalmente asombrado y sorprendido ante el profundo conocimiento y la comprensión del Dr. Lindsell sobre la Biblia. Jim se sintió tan impresionado por este gigante de la fe que después le preguntó: "¿Cómo pudo usted contestar a todas esas preguntas? ¿Cómo puede usted saber toda esa información?".
>
> ¿Cuál fue la respuesta del Dr. Lindsell? Jim estaba esperando que le contestase con una larga lista de experiencias educativas, el tiempo que había pasado estudiando así como los títulos que había obtenido en la facultad bíblica, en el seminario o en una prestigiosa universidad. Pero ¡no! El Dr. Lindsell le dijo a Jim que durante los últimos cuarenta años, había estado leyendo la Biblia entera una vez por año. Le explicó que había ideado un sistema que le permitía acabar la lectura de la Biblia cada año el día

quince de diciembre. De ese modo, podía dedicar un tiempo considerable a su familia en Navidad, así como asegurarse de que tenía unos cuantos días adicionales por si había algunos pasajes de las Escrituras que no había leído o que deseaba repasar.

El conocimiento de la Palabra de Dios —profunda meditación en el corazón, la mente y el alma de este hombre, durante décadas enteras— fue lo que le proveyó las respuestas a las preguntas acerca de la Biblia y otros temas relacionados con la vida. Al mismo tiempo, le dio el valor y la confianza necesarios para hablar de manera poderosa acerca de la verdad, ya fuese en una reunión grupal o en las páginas de la prestigiosa revista *Christianity Today.*

La influencia de la Palabra de Dios

Hemos estado hablando acerca del éxito y de ver la Palabra de Dios como punto de partida. En mis primeros años de cristiana, me di cuenta de que necesitaba ayuda, y hubo una mujer especial que me ayudó. De hecho, ¡cambió mi vida! Desde el primer día que la conocí, admiré su diligencia y su uso del tiempo para hacer cosas que eran verdaderamente importantes. Era paciente, confiable y servicial, sin dejar de dedicarse a los asuntos del Señor. La observé en público y estudié cómo trataba a las personas. Me fijé en cómo les hablaba, las palabras que escogía y su tono de voz. Escuché cada vez que ella hablaba a una clase o a un grupo de personas, prestando atención al sentido de sus palabras. Esta mujer fue una constante fuente de estímulo, consuelo, afirmación, exhortación y exaltación al Señor. Todo esto provenía de tener la Palabra de Dios como su fuente de sabiduría y conocimiento. Era, auténticamente, una mujer que ejercía influencia, usando la Palabra de Dios y su poder para causar un impacto positivo a muchos, incluso a mí.

Finalmente, me armé de valor para preguntarle acerca de su

tiempo devocional. Es más, conseguí ir más allá y preguntarle: "*¿Qué* lee usted en la Biblia? ¿Y *cuándo* la lee? ¿Y *dónde* la lee?". Quería información concreta, quería saberlo todo con detalle para hacer lo que sea que estuviese haciendo, que era tan poderoso. Me explicó que había dividido su lectura de la Biblia de una manera que le permitía leerla por trimestres. Sí, así es efectivamente, cuatro veces al año. ¡No me extraña que tuviese tanto que ofrecer! Esto es verdad: "algo que entra" equivale a "algo que sale". Estaba claro que lo que ella estaba haciendo le permitía ser de mucha ayuda y tener éxito a la hora de ministrar a todos los que se cruzasen en su camino.

La fuerza de leer la Palabra de Dios

¿Te interesaría conocer otro ejemplo del impacto que tienen las Escrituras? Mi marido fue el encargado de las admisiones en el *Master's Seminary* de California durante muchos años. Una iglesia en California mandaba un estudiante tras otro al seminario. Un día Jim recibió una llamada en donde le decían que más de doce jóvenes de esta iglesia estaban interesados en asistir al seminario. ¡Asombroso! Le pidieron a Jim que fuera a su ciudad y que se reuniera con el grupo. Habían llegado a la conclusión de que sería más fácil para Jim (una persona) ir a hablar con ellos a que doce personas se desplazaran para hablar con él.

¿Qué está sucediendo en esa iglesia? —se preguntó Jim—. *¿Por qué se está produciendo tanto fruto en una sola congregación?* No tardó en descubrirlo. El pastor de aquellos jóvenes en edad de ir a la facultad había lanzado un reto a ese grupo para que leyesen quince capítulos de su Biblia *cada* día. Este programa hacía posible que leyeran toda la Biblia cuatro veces al año. Semejante concentración y exposición a la verdad de Dios crea una fuerza que hace desear saber incluso más acerca de la Biblia. Al mismo tiempo, los motivó e instruyó a enseñar a otros el poder de las Escrituras para que pudiesen enamorarse de Dios y de su Palabra.

El impacto de leer las Escrituras

Tengo una confesión que hacer. Cuando Jim se reunió con este asombroso y totalmente dedicado grupo de estudiantes, que estaban siguiendo a Dios con todo su corazón, nuestras dos hijas estudiaban en la universidad. Estaba convencida de lo que Jim me había dicho acerca del pastor de este grupo y su asignación. Sin embargo, lo que había pensado acerca de mis hijas y sus amigas era: *¿Cómo puede alguien pedirle a un estudiante universitario que lea quince capítulos de la Biblia cada día? Tienen sus deberes universitarios, los temas acerca de los cuales tienen que escribir y los exámenes. Además tienen sus trabajos aparte de sus tareas universitarias, de modo que no pueden ni siquiera dormir lo suficiente. Con todo esto, siempre están retrasados en sus estudios.*

Lo admito, yo mimaba a mis hijas, que eran tratadas con el máximo cuidado por parte de su madre. Como mucho, las animaba a que fuesen fieles y pasasen *algún tiempo* con Dios cada día, *algún tiempo* en su Palabra, *algún tiempo* en oración, pero ¿qué tuviesen tiempo para leer quince capítulos cada día? Sin embargo, este grupo de estudiantes de la facultad había aceptado totalmente la sugerencia de su pastor y estaban saliendo en grandes números de esa iglesia, yendo en todas las direcciones con un ardiente deseo de servir a Dios y de compartir con otros las alegrías de conocerlo a Él y su Palabra. *¡Realmente asombroso!* El impacto de su ejemplo cambió para siempre mi manera de pensar acerca de la importancia que tiene leer la Biblia como el evidente punto de partida de una vida de servicio… Y de éxito.

La recompensa de leer la Biblia

Aquí tenemos otro caso acerca de examinar y amar "este libro de la ley" y su recompensa. En nuestra iglesia, había un joven, cuyo padre había sido diagnosticado con cáncer terminal. De inmediato, este hijo amoroso voló para estar junto a su padre y para compartir las buenas nuevas de la vida eterna por medio de Cristo. Durante esa visita, su padre aceptó a Cristo como su Salvador y le entregó a Él su corazón y su vida; es decir, le entregó lo que le quedaba de vida.

Este hombre moribundo no sabía nada acerca de Dios y muy poco sobre Jesús. Deseaba conocer todo lo que le fuera posible acerca de su Salvador antes de encontrarse personalmente con Él en los cielos. ¿Cómo podía aprender sobre Dios y su Hijo? ¡Leyendo su Palabra, claro está! No sabiendo el tiempo de vida que le quedaba, ingenió un plan para leer la Biblia entera cada semana. Su deseo era vivir enteramente para Dios durante el tiempo que Él le permitiese seguir con vida. Buscando el origen de la revelación de Dios a la humanidad en las páginas de las Escrituras, este hombre obtuvo recompensas diarias, ¡viendo a su Señor cara a cara!

El criterio divino para el éxito

¿Por qué estoy hablando acerca de estos ejemplos verdaderos? No estoy diciendo que haya que leer la Biblia todas las semanas, o cuatro veces al año, o una vez al año, o leer diferentes versiones de la Biblia cada año o leer quince capítulos al día. Sin duda mi mensaje no pretende ser que debes ir a una Escuela Bíblica, a un Instituto Bíblico o a un seminario. No, lo que quiero es que conozcas el elemento fundacional del éxito según Josué 1:8: "...este libro de la ley...". La Biblia es el punto de partida de todo lo que es importante, de todo lo que realmente cuenta para obtener el éxito.

Recuerda que Dios le habla a Josué y le encomienda una nueva tarea para llevar a cabo: guiar a los israelitas por un territorio con el cual no estaban familiarizados, conquistarlo, dividirlo y establecerse en él. ¿Cómo podía Josué saber que había tenido éxito? ¿Y qué es el éxito? No es riqueza. No es un título o una posición. No son tus propiedades, las personas que conoces o una lista de tus logros. Y tampoco es que te nombren en el libro *Who's Who* [Quién es quién]. No, el éxito según Dios se encuentra en Josué 1:8 y es:

- conocer la Palabra de Dios
- leer y estudiar la Palabra de Dios
- pensar acerca de la Palabra de Dios
- obedecer la Palabra de Dios
- hablar la Palabra de Dios
- seguir la Palabra de Dios con todo tu corazón

Cuando seguimos este criterio divino, tenemos éxito a los ojos de Dios y le somos útiles para cumplir sus propósitos. Es posible que no estemos a la altura de las expectativas del mundo o de las definiciones de lo que significa prosperar, pero Dios está complacido.

Los criterios del éxito según Dios puestos en práctica

Uno de mis ministerios más agradables a lo largo de los años ha sido el de enseñar a mujeres jóvenes. Cuando empezamos nuestras reuniones, hago que cada una de las mujeres me explique sus metas para su crecimiento espiritual y para el tiempo que vamos a pasar juntas. Hay una serie de objetivos que me mencionó una mujer y que no olvido. Esta universitaria escribió: "Quiero leer la Biblia de manera inteligente". *De manera inteligente*. Explicó que no quería sencillamente limitarse a marcar en un gráfico los pasajes que había leído. Lo que deseaba era entenderlo, tener una visión clara de lo que había leído, de por qué era lo suficientemente importante como para estar en la Biblia y de qué modo debía causar un impacto en su vida.

Yo estaba encantada con esa respuesta porque, en una ocasión, tuve una maestra que me enseñó cómo leer la Biblia de manera inteligente *y* cómo poner en práctica esos principios y esas enseñanzas con éxito. Fue la misma mujer que mencioné con anterioridad en este mismo capítulo, la que leyó toda la Biblia cuatro veces al año. He aquí uno de sus pasos extra, un *bonus*, su motivación adicional para tomar su Biblia todos los días y leerla:

cada vez, antes de leer la Palabra de Dios de cabo a rabo, escogía un tema concreto para buscar. Cada día durante el tiempo que dedicaba a su Biblia, buscaba un tema en particular y apuntaba las cosas que había descubierto en un cuaderno especial.

¡Esta sabia mujer que me sirvió de ejemplo sin duda leyó con inteligencia! Lo hizo de manera tan inteligente que el resultado del tiempo que dedicó a la lectura y a aprender acerca de lo que Dios tenía que decir sobre una serie de temas dio lugar a que se convirtiese en la autora de muchos libros. Durante un trimestre, se dedicó a buscar definiciones y casos de integridad, y a continuación escribió un libro sobre la integridad. Luego hizo lo mismo con la manera de administrar el tiempo. En las páginas de las Escrituras, halló caso tras caso sobre la administración del tiempo y de la vida, las instrucciones para utilizar el tiempo con sabiduría, las situaciones de aquellos que, de manera insensata, derrocharon las horas, los días y los años. Marcó los principios para afrontar cada día y vivirlo de acuerdo con las prioridades y los propósitos de Dios.

No necesito decirte que esta maravillosa mujer tuvo éxito en su vida, en su manera de actuar con integridad, en su manera de administrar su tiempo, su ministerio, su enseñanza a las mujeres y sus escritos. Buscó el corazón y la mente de Dios respecto a los temas de la vida diaria y luego lo siguió a Él y lo que encontró en su Palabra, con todo su corazón.

Un paso adelante

Avanzar en la vida en ocasiones significa echar un vistazo al pasado. Detente por un momento y piensa en las mujeres que mayor influencia han ejercido en tu vida cristiana. Al igual que mis modelos y mentoras, probablemente ellas se centraron en la importancia de la Palabra de Dios. Y, al dedicar toda su atención a la Biblia —la fuente de toda la sabiduría—, pudieron ofrecerte instrucción y principios con un valor incalculable.

¿No es esa la clase de persona que deseas ser? Ese es el deseo de mi corazón... Y también del de Dios. De modo que, ¿dónde puedes empezar? ¿Qué puedes hacer para añadir la Palabra de Dios, o más de ella, a tu vida diaria ya bastante ocupada? Proponte alcanzar un objetivo modesto de leer una cantidad concreta de la Palabra de Dios a diario y, a continuación, medita sobre sus verdades durante el día.

Mi sincero deseo es que pienses en dedicar un tiempo regular a la Biblia y en encontrar una persona que te ayude a conocer mejor la Palabra de Dios y vivir conforme a ella. La Biblia es verdaderamente el punto de partida de cualquiera y de todos los éxitos. ¿Sientes un destello de emoción acerca de la Palabra de Dios? ¡Estupendo! No permitas que se apague esa llama del deseo del "libro de la ley de Dios". ¡Atiza los carbones! Alimenta la llama y disfruta las bendiciones que, sin duda alguna, recibirás.

Dé el primer paso en fe.
No tiene que ver toda la escalera,
sencillamente dé usted el primer paso.

MARTÍN LUTHER KING JR.

3

El camino al éxito

Nunca se apartará de tu boca este libro de la ley,
sino que de día y de noche meditarás en él,
para que guardes y hagas
conforme a todo lo que en él está escrito;
porque entonces harás prosperar tu camino,
y todo te saldrá bien.

Josué 1:8

Una de mis definiciones favoritas sobre el éxito afirma: "Tener éxito es vivir de tal manera que uses lo que Dios te ha dado —tu intelecto, tus habilidades y tu energía— para alcanzar el propósito que Él desea para tu vida".[1] ¿Conoces a personas que viven de esta manera, que al máximo usan cada cosa que Dios les ha dado? ¿Que lo que tienen lo usan en su totalidad y no se preocupan por lo que no tienen ni permiten que eso los detenga? ¿Que hacen una diferencia y ayudan a otros a hacer lo mismo?

El éxito es posible para las personas corrientes

Existen muchas pruebas de que Josué es un maravilloso ejemplo de una persona "corriente" que disfrutó de un éxito increíble. Él:

- nació siendo esclavo
- sirvió como subordinado hasta la edad de cincuenta años
- luchó contra el temor

- necesitó el estímulo repetido de Dios para prepararse a dirigir

Pero a pesar de ello, Josué siguió la fórmula presentada al principio de este capítulo: usó los medios que puso Dios a su disposición, confió en Él firmemente, vivió con audacia y cumplió el plan y propósito de Dios para él. Este hombre corriente siguió, sirvió y ayudó a Moisés, el poderoso líder de Dios. Después de cuarenta años de fiel servicio, Dios escogió a Josué para que ocupase el lugar de Moisés y dirigiese a su pueblo a la Tierra Prometida.

El éxito no es nunca fácil

El camino al éxito de Josué no fue fácil. Tuvo que vencer una serie de grandes dificultades —mejor dicho, ¡enormes obstáculos!— en el camino.

- Josué era el nuevo líder del bloque… De quien se esperaba que reemplazase al gran y espectacular obrador de milagros: Moisés.
- El pueblo al que debía dirigir Josué era realmente problemático, formado por un grupo de temerosos y obstinados llorones y quejosos, que según algunos cálculos, alcanzaban la cifra de más de dos millones de personas.
- Si a eso se le añade la fiereza del pueblo que esperaba a los israelitas al otro lado del río Jordán —los enemigos del pueblo de Dios—, tendrían que luchar durante varios años antes de poder poseer la tierra.

¡Y eso era solo el principio! Después de la principal conquista obtenida por medio de la batalla y hasta su muerte, Josué debía además juzgar al pueblo en cosas relacionadas con la ley de Dios.

¿Cómo logró un esclavo de los egipcios convertirse en el conquistador de la Tierra Prometida? ¿Cómo consiguió un guerrero convertirse en un discernidor y maestro de la ley de Dios? ¿Cómo pudo un humilde y fiel seguidor y asistente convertirse en un poderoso —y exitoso— líder del pueblo escogido de Dios?

El éxito procede de Dios

El éxito de Josué no es un secreto. El porqué de su progreso es algo que encontramos en los primeros nueve versículos de Josué 1. Y aunque no sorprenderá a nadie, la breve respuesta es *Dios*. Observa tú misma el camino al éxito según Dios.

- Dios le habló a Josué (v. 1).
- Dios le mandó a Josué que guiase al pueblo a su herencia (v. 2).
- Dios le aseguró a Josué que obtendría el éxito en cada lugar que pisare su pie (v. 3).
- Dios definió concretamente el territorio que le prometió al pueblo (v. 4).
- Dios prometió su constante presencia (v. 5).
- Dios animó a Josué personalmente y le repitió su promesa acerca de la tierra (v. 6).
- Dios animó de nuevo a Josué y le exigió que siguiese su ley explícitamente (v. 7).
- Dios le prometió el éxito a Josué si hablaba, pensaba y seguía todo lo que estaba escrito en la ley (v. 8).
- Dios advirtió de nuevo a Josué que no tuviese temor, sino que obedeciese sus instrucciones y repitió su promesa de estar con él cada paso del camino (v. 9).

Dios guió a Josué en su camino al éxito. ¡Y esa es una buena noticia! Dios también te guiará a ti. Sus medios para obrar en tu vida son los mismos que en el caso de Josué. Dios te habla y te guía por medio de su Palabra. Él te da sus promesas, te instruye y te anima a lo largo del camino, por medio de su Palabra y de su pueblo. Y te acompaña cada paso del camino de la vida.

Al igual que Josué, puedes disfrutar un éxito increíble. Pero ¡mantente alerta! Debes estar preparada porque puede que no sea la clase de éxito que buscas y que respeta el mundo —riqueza, fama, conocidos influyentes, puesto social, físico atractivo, poder y prestigio—. Podrás poner en práctica el plan de Dios y complacerlo al estudiar y obedecer su Palabra, y siguiéndolo con todo tu corazón. Así Él te bendecirá en todos tus esfuerzos y servicio. ¡Esa es la promesa que Él te hace!

Seguir los pasos de Josué

A veces es difícil seguir el ejemplo de alguien que vivió hace miles de años en un país lejano, de manera que preguntaré: ¿conoces a mujeres que sean del estilo de Josué, mujeres que siguen a Dios con todo su corazón? ¿Mujeres que dan mucho, y arriesgan mucho y hacen mucho a favor del pueblo de Dios y sus causas? Yo tengo una lista de mujeres cristianas a las que admiro. Cuando me encuentro en una gran dificultad, cuando me siento demasiado cansada para seguir adelante, cuando todo parece sin esperanza y cuando me pregunto si alguna vez voy a conseguir poder hacerlo todo, si me voy a poder ocupar de mis responsabilidades, si podré encontrar la energía necesaria para hacer lo que Dios y otros me piden, pienso en estas valiosas, dedicadas y exitosas mujeres.

¿Cómo podemos nosotras, y las mujeres del estilo de Josué, llevar a cabo el plan de Dios de manera que Él pueda usarnos para cumplir su voluntad para nosotras y para las personas que nos rodean, mientras contribuimos a sus propósitos? ¿Cómo podemos nosotras hacer lo que hizo Josué y conquistar los retos con los que nos enfrentamos, dominando los papeles y ministerios que Dios tiene en mente para nosotras? ¿Cómo podemos cruzar nuestro río Jordán, las barreras de temor o de lo que nos falta, que se interponen entre nosotros y la realización de lo que Dios nos ha encomendado que hagamos?

De manera sencilla: necesitamos seguir los pasos de Josué. Es preciso que conozcamos y obedezcamos la Palabra de Dios al seguirlo a Él con todo nuestro corazón.

"Dios, quédate en mi mente"

No cabe duda de que no tengo la mejor voz del mundo, pero me gusta muchísimo cantar, especialmente en un coro con un montón de cantantes con muy buena voz a mi alrededor. Durante los años que pasé en el coro de una iglesia, cantamos con frecuencia un cántico titulado: "Dios, quédate en mi mente". Era uno de los cánticos favoritos del coro y de la congregación. Piensa en ello. Amamos a Dios y deseamos seguirlo de todo corazón. Nos deleitamos en servirles a Él y a su pueblo, nos da gusto pensar en la verdad de que le pertenecemos, que estamos en Él por medio de su Espíritu (Ef. 1:13) y que Él está en nosotros (Col. 1:27). Esto significa que también está en nuestras mentes. De manera que también nosotras deberíamos tenerle siempre presente en nuestros pensamientos. Este es el significado de las instrucciones que le dio Dios a Josué 1:8: "Nunca se apartará de tu boca este libro de la ley...". Dios debe ser lo primero en nuestras mentes, Aquel en quien pensemos primero y siempre, Aquel cuyos pensamientos tratamos de imitar.

¿Cómo, pues, puede esto convertirse en una realidad? ¿Cómo podemos conseguir que Dios y su Palabra sean lo primero en nuestros corazones *y* en nuestras mentes? Como le dijo Dios a Josué, la respuesta es sencilla: la Palabra de Dios, el libro de la ley, debe de ser el centro de nuestra vida diaria. Debemos introducir en nuestra mente las verdades de la Biblia, meditando constantemente en ella día y noche para que podamos aplicar su sabiduría en todo tiempo y vivir conforme a todo lo que esté *en nuestras mentes.*

Reflexionar acerca de la verdad

Reflexionar o pensar en la Palabra de Dios es algo un tanto parecido a mi rutina diaria de preparar el café por las mañanas. Cuando el agua en la cafetera hierve, se vuelca y es absorbida por el café molido, del cual extrae su riqueza y sabor. Eso es lo que hace la meditación por ti. Al leer y meditar lentamente sobre un pasaje de las Escrituras, las verdades se van introduciendo en tu corazón y en tu mente, y comienzas a experimentar la riqueza de las bendiciones de la Palabra de Dios viva y que permanece.

La meditación no es algo que debas limitar al tiempo que dediques a la lectura de la Biblia. Puedes hacer como he hecho yo con frecuencia, escribir los versículos en una tarjeta pequeña que puedes llevar contigo a dondequiera que vayas. Una de mis especiales "mujeres mayores" se aseguró de tener bolsillos en sus pantalones y en sus faldas para llevar los versículos y repasarlos mientras pasea, conduce, hace cola y espera en las consultas de los médicos. También puedes recordar y reflexionar acerca de tus versículos especiales, mientras te preparas para acostarte. Haz de la Palabra de Dios tu último pensamiento antes de dormirte.

La meditación también puede incluir memorizar. Eso es lo que describió el salmista cuando escribió: "En mi corazón he guardado tus dichos..." (Sal. 119:11) y eso fue lo que hizo el rey David. Escribió: "Deléitate asimismo en Jehová..." (Sal. 37:4). David deseaba tener la Palabra de Dios en su corazón, no solo en sus manos y en su casa, donde se la podían quitar o robar. No, tenía que estar ¡en su corazón! Él consideraba de enorme valor la ley del Señor, como un tesoro que merece ser introducido en el centro mismo de su ser. Solo allí podría estar listo y disponible cuando lo necesitase.

Estoy segura de que te habrán dicho muchas veces que debes leer tu Biblia, memorizarla y meditar en ella. Recuerda que estas instrucciones vienen de Dios. Es posible que estés pensando: *¡Es que estoy muy ocupada! ¿De dónde voy a sacar el tiempo para* *memorizar y meditar en las Escrituras?* Es posible que Josué también tuviese pensamientos por el estilo porque, sin duda, fue un hombre ocupado. Pero con todo lo que le esperaba, no podía permitirse el lujo de *no* sumergirse en la Palabra de Dios, *profundamente*. Según palabras del erudito de la Biblia Matthew Henry: "Si hubo un hombre al que se le podía excusar por no meditar y participar en otros actos de devoción, este fue Josué, en esos momentos de su vida en los que se encontraba a punto de verse inmerso en una batalla feroz, que le exigía todo su tiempo".[2]

Teniendo la Palabra de Dios en su mente y en su corazón, los primeros pensamientos y las primeras palabras pronunciadas por Josué al comenzar a dirigir, a gobernar y a juzgar los asuntos del pueblo, serían sin duda la Palabra de Dios. Esto colocaría a Josué en el camino del éxito de Dios. Y podría dirigir al pueblo por ese mismo camino.

Ahondar en la verdad

Seguir el camino de Dios para tener el éxito asegurado en nuestras muchas responsabilidades y en los retos con los que nos enfrentamos incluye amar, reverenciar, memorizar y meditar en su Palabra, "el libro de la ley", la Biblia. En los días de Josué, la Palabra del Señor le había sido dada a Moisés escrita en tablas de piedra. Moisés la leyó en voz alta al pueblo, incluido Josué. Ahora le tocaba a Josué el turno de mantenerla viva para los israelitas, lo cual requería que estuviese en él —en su mente, *viva* en su corazón, *rápida* en su lengua— y fuese la *dieta constante* para su alma.

> *¿Amas la Palabra de Dios? ¿Te apasiona familiarizarte más con sus verdades?*

"Este libro de la ley no se apartará de tu boca", le instruyó Dios a Josué. En otras palabras, cuando el pueblo tenía un asunto que era necesario someterlo a juicio, Josué debía basar su decisión tan solo en la ley de Dios. Ningún otro precepto debía salir de su boca. Dios puso su ley en la mano de Josué, y él debía hacer que cada uno de sus actos y gobierno fuesen conforme a ella.

¿Cómo podía suceder esto en el caso de Josué? Y lo que es más personal, ¿cómo puede esto aplicarse a ti y a mí hoy? La verdad es que lo que se aplicó a Josué sigue aplicándose a nosotras hoy. Debemos leer, reflexionar y memorizar la verdad de Dios, pero también necesitamos profundizar más en ella para poder entenderla y aplicarla.

Si el paso 1 en el camino del éxito de Dios es meditar y memorizar la Palabra de Dios, el paso 2 es estudiarla. Podemos leer la Biblia e incluso memorizar partes de ella, pero una cosa es recitar la Biblia, y otra, ¡entenderla! Nuestro propósito es examinar y analizar la Biblia *hasta que hayamos comprendido su significado*.

Alguien dijo en una ocasión que leer la Biblia es como volar sobre una jungla en una avioneta mirando hacia abajo. Podemos ver un río, una plantación aquí, un bosque allí, y los caminos que pasan por ella. Miramos todo en su conjunto. Sin embargo, el estudio de la Biblia es como caminar por las carreteras por ese mismo territorio, esa misma jungla, y tocar cada hoja y cada árbol, cruzar el río y mojarnos, y experimentar cada detalle del terreno.

¿Cómo reaccionas ante el pensamiento de "estudiar"? ¿Pensabas que tus días de estudiante habían quedado atrás? ¡Oh, por favor no lo hagas! Dedica tiempo y atención a obtener conocimientos, a analizar, a leer con un deliberado y cuidadoso esfuerzo la Palabra de Dios.

A mis hijas les encanta cocinar. Se meten en la Internet a diario para descargar recetas y además ven y graban programas de cocina de la TV. Sin embargo, una de mis hijas llevó su amor por la cocina al próximo nivel y tomó clases en un famoso instituto culinario de la región de Denver. Estudió el arte y la ciencia de cocinar. El estudio es el resultado del *interés* y el *deseo*. Como mi hija, aunque estés muy, muy ocupada, si amas algo con suficiente intensidad, harás todo lo que sea necesario, le dedicarás todo el tiempo que precises y gastarás cualquier cantidad de dinero necesario, con tal de estar más enterada del tema.

¿Amas la Palabra de Dios? ¿Te apasiona familiarizarte más con sus verdades? ¿Sabes cómo complacer a Dios y realmente poner en práctica su plan para ti? Si es así, ¿qué estás esperando? Sigue la advertencia de Pablo: "Procura con diligencia presentarte a Dios aprobado, como obrero que no tiene de qué avergonzarse, que usa bien la palabra de verdad" (2 Ti. 2:15).

Las oportunidades para estudiar la Biblia se encuentran por todas partes. Únete a un grupo de estudio bíblico, busca a una mujer como mentora, apúntate a clases (de día o de noche) en la iglesia o en alguna casa, asiste a un instituto bíblico o seminario. Yo empecé a estudiar a fondo las verdades de Dios por medio de la Escuela por Correspondencia del Instituto Bíblico Moody. Aunque era una madre muy ocupada con dos hijas en edad preescolar, estudiaba un libro tras otro de la Biblia, aquí una lección, allí otra lección, mientras mis dos hijas dormían la siesta.

En mi ministerio de enseñanza, me gusta animar a otras madres jóvenes a que hagan lo mismo. Les digo: "*Pueden* crecer al mismo tiempo que crían su familia". Además abundan las ventajas para las madres esforzadas que trabajan demasiado y que están también demasiado estresadas: el estudio hace posible que se apropien de la paciencia de Dios, que sientan paz en su corazón —incluso en los días más atareados— y experimenten la sabiduría de Dios al enfrentarse con las situaciones difíciles que a veces surgen en el matrimonio y con los hijos.

Y lo mismo es cierto del otro extremo de la vida. Al ir llegando a tu madurez en cuanto a conocer a Dios y entender su Palabra, estarás mejor preparada para enfrentarte con esos años de la edad más avanzada, durante los cuales tu cuerpo se deteriora. Podrás andar confiadamente al pasar por "el valle de la sombra de muerte" sin temor de nada. ¿Por qué? Porque Dios está contigo. ¡Él es tu vara y tu cayado! Y tu consolador (Sal. 23:4). ¡Y eso es una promesa!

María, la madre de Jesús

Aunque he hablado mucho acerca de Josué, mi mente ahora se dirige con rapidez a la clase de mujer que es semejante a Josué: María, quien se convirtió en la madre de Jesús. María no tenía un historial espectacular que nosotras sepamos, ni siquiera se menciona a sus padres. Aparece en las páginas de las Escrituras como una mujer joven, probablemente una adolescente. María fue la mujer que, después de escuchar la historia de los pastores y de recibir el mensaje de los ángeles acerca de su hijo, "...guardaba todas estas cosas, meditándolas en su corazón" (Lc. 2:19). También guardó la Palabra de Dios en su corazón y meditó en ella porque, al pronunciar lo que ahora se conoce como el "Magníficat" (Lc. 1:46-55), usó las Escrituras, recitándolas de memoria *con entendimiento.* Es evidente que había estudiado y le habían enseñado la Palabra. Se citan al menos quince referencias bíblicas en diez versículos que brotaron de su corazón al corazón de Dios.

María no tuvo éxito a los ojos del mundo, sin embargo aceptó el plan de Dios para convertirse en una vasija que habría de traer a su Hijo a la Tierra. La Palabra de Dios estaba en su corazón y en su mente, pero además en su lengua. Este conocimiento le dio el valor que necesitaba para ponerse en línea con la voluntad de Dios, para dar y para renunciar a todo con el propósito de seguirlo a Él con todo su corazón. Esto fue algo por lo que tuvo que pagar un elevado precio a los ojos de las personas, pues estaba embarazada sin estar casada, cosa que se consideraba fornicación (Jn. 8:41). Fue perseguida por aquellos que querían matar a su Hijo pequeño y después tuvo que sufrir al verlo morir en la cruz.

Sin embargo, a los ojos de Dios, María fue favorecida, escogida y buscada, además de ser bendecida. En su "Magníficat", alabó a

Dios, que fue poderoso e hizo grandes cosas por ella (Lc. 1:49). No hay duda de que tuvo éxito a los ojos de Dios.

Un paso adelante

Querida amiga, soy otra voz que te dice que leas, que estudies y que memorices las Escrituras. ¡Es algo maravilloso! Tener a Dios en tu mente y su Palabra en tu corazón es lo que hace posible que puedas seguirlo y realizar el plan que Él tiene para ti, con todo tu corazón, tu alma, tus fuerzas y tu mente. Es preciso que lleves esto a cabo de manera decidida y activa.

Al considerar la sencillez y la repetición de estos pasos del crecimiento espiritual, te darás cuenta de que son pura dinamita. Cuando veas las palabras sobre el papel, es posible que tengas ganas de bostezar y de decir: "Sí claro, ¿y qué hay de nuevo?". Hasta es posible que pienses: *He intentado leer la Biblia con anterioridad, he dedicado una o dos temporadas al estudio de la Biblia y, en una ocasión, formé parte de un programa en el que memoricé algunos versículos. No me apetece hacer nada de esto ahora.* Pero no olvides que estos son principios *espirituales*, disciplinas *espirituales*.

Poco importa el aspecto que puedan tener mis palabras o si has intentado o no implementar estas prácticas con anterioridad. Cuando permitas que la Palabra de Dios habite en abundancia (Col. 3:16), empezarán a sucederte cosas. ¡Cosas maravillosas! ¡Cosas asombrosas! Hasta cosas que no entiendes y que no puedes ni entender ni explicar. Descubrirás una nueva energía, una nueva emoción, y tendrás una perspectiva mejor de la vida. Tus objetivos *cambiarán*, te lo garantizo. Soñarás con hacer grandes cosas para Dios al empezar a entender las grandes cosas que Él ha hecho por *ti*. Se te ocurrirán ideas y te preguntarás de dónde han venido estas ideas. Tratarás de manera diferente a las personas, las tratarás mejor. ¡Descubrirás que abrazas y realizas tu ministerio, tu trabajo y tus responsabilidades con gozo! Ni siquiera te reconocerás a ti misma.

¿A qué se debe esto? A que estarás recorriendo el camino del éxito de Dios, probando y participando de su clase de logros y contribuciones. ¿Por qué? Porque decidiste hacer lo que Él les ha dicho a ti y a Josué que hicieran. Has meditado en la Palabra de Dios día y noche. Has decidido respirar, pensar, meditar, disfrutar y poner en práctica el libro de la ley de Dios.

No se nos dice que nos conformemos con esperar y ver lo que sucede, sino que se nos ha dado la determinación para hacer que suceda lo apropiado.

Peter Marshall

4

La receta infalible para alcanzar el éxito

Nunca se apartará de tu boca este libro de la ley,
sino que de día y de noche meditarás en él,
para que guardes y hagas
conforme a todo lo que en él está escrito;
porque entonces harás prosperar tu camino,
y todo te saldrá bien.

JOSUÉ 1:8

Mi esposo Jim ha viajado por el mundo para varios ministerios diferentes. Siempre me fascinan sus muchos relatos de aventuras, de haber compartido con éxito el evangelio y de haber ayudado a otros. Cada uno de sus viajes fue acompañado de bendiciones y de retos. Después de un viaje a la China, que hizo hace algunos años con un grupo de estudiantes del seminario, Jim me contó acerca de un estudiante que siempre faltaba cuando el grupo se preparaba para trasladarse a su próximo destino. La seguridad era muy estricta, y el guía responsable de que el grupo cumpliese el plan de viaje estuvo a punto de sufrir un colapso nervioso cuando estos compañeros de clase se marcharon del país…, principalmente por causa de este estudiante en particular. Este joven se sentía tan cautivado por la cultura que se olvidaba con frecuencia de seguir las instrucciones. (Pero antes de que tengas una impresión negativa de él, te complacerá saber que, no mucho después del viaje a la China, conoció una muchacha conforme al corazón de Dios. En la actualidad, son misioneros en un país de Asia).

Seguir instrucciones

"¿Qué tiene que ver esta historia acerca de un joven 'que siempre estaba ausente' con seguir a Dios de todo corazón, con éxito o incluso con una vida como la de Josué?". Todo. ¿Por qué? Porque seguir instrucciones —también conocido como obediencia— es el tercer ingrediente de la receta de Dios para que tengas éxito en poner en práctica su plan para ti. Hasta ahora hemos considerado estos ingredientes para el éxito, todos ellos tomados de Josué 1:8.

> Ingrediente n.° 1: *Creer en la Palabra de Dios.* Este libro de la ley, la Biblia, es el libro de recetas de Dios. Es preciso que creas que la Biblia "está viva y es poderosa" (Heb. 4:12), y que puede hacer la diferencia en las vidas, incluso en la tuya.

> Ingrediente n.° 2: *Meditar en la Palabra de Dios.* Necesitas meditar en ella día y noche. No puedes seguir de manera correcta lo que no entiendes. Es preciso que tu mente comprenda la Biblia antes de que pueda pasar a tu corazón y transforme tu vida.

Y ahora llegamos al ingrediente n.° 3: *Obedecer la Palabra de Dios.* Es imperativo que observes y hagas todo lo que está escrito en ella.

Obedecer la Palabra de Dios

Todo lo que hemos dicho acerca del éxito hasta llegar a este punto se ha centrado en el *interior.* La mujer que tiene éxito según Dios conoce la Palabra y la guarda en su corazón, luego de leerla y de meditar en ella. Ahora hablaremos sobre el *exterior.* Y para muchos, aquí es donde seguir a Dios comienza a tener sus dificultades. Es fácil leer acerca de un tema o principio o, en este caso, los mandamientos en las Escrituras, pero ahora viene el paso más difícil. Como verás, *hay algo que debemos hacer*, y eso es obedecer la Palabra de Dios. No solo las partes que son fáciles, o las que nos gustan o los mandamientos que no son contrarios a nuestra manera de entender la vida. No, lo cierto es que es preciso que los obedezcamos *¡todos!*

Dios le prometió el éxito a Josué bajo una condición: que obedeciese el libro de la ley de Dios. La condición de la obediencia se halla entrelazada en el diseño soberano del éxito. Si Josué estaba dispuesto a magnificar la Palabra de Dios con sus labios y a edificar su alma meditando continuamente en los preceptos de la Palabra, tendría fruto. Ese fruto tiene la forma de la obediencia. Lo que se encuentra en el interior saldrá al exterior. Esta es una verdad que podemos invertir: si la persona no es obediente, es muy posible que la Palabra de Dios no ocupe un lugar muy importante en su vida y en su devoción.

¿Recuerdas todas esas responsabilidades y tareas acerca de las cuales hemos estado hablando? ¿El trabajo, los roles, las tareas que nos ha asignado Dios? Es preciso que las obedezcamos. Es necesario que seamos obedientes en nuestro servicio a otros y a la iglesia. Hemos de ser obedientes por medio de la atención que le prestamos a nuestro caminar con Dios, nuestra manera de hablar y la lista continúa. Una línea de un himno que me encanta, "Grata certeza", dice: "Siempre sumiso a su voluntad, glorias celestes empiezo a gustar". Si somos obedientes, "siempre sumisas a su voluntad", recibimos bendición.

Cómo no tener éxito

Cada uno tiene su propia idea acerca de cómo tener éxito. Lamentablemente, no es más que eso, la propia idea de la persona. Un grupo que decidió no hacer las cosas a la manera de Dios fue el de los israelitas. No mucho después de que salieran de Egipto, se vieron retados por Josué y Caleb a entrar en la Tierra Prometida. El motivo por el que fue un reto fue porque los otros diez espías que habían sido enviados para hacer un estudio de la región volvieron con un relato terriblemente negativo sobre si era sabio atacar, debido a la fortaleza del enemigo al otro lado del río Jordán. Informaron diciendo: "...todo el pueblo que vimos en medio de ella son hombres de grande estatura. También vimos allí gigantes..." (Nm. 13:32-33).

Casualmente, eso era justo lo que el pueblo no necesitaba o no quería escuchar, por eso se encontraron en una encrucijada. Podían llorar y lamentarse durante toda la noche, deseando haberse quedado en Egipto o podían depositar su confianza en Dios y seguir a Josué, es decir, participar del plan del Señor. Josué y su amigo Caleb intentaron razonar con ellos diciendo:

> Si Jehová se agradare de nosotros, él nos llevará a esta tierra, y nos la entregará... Por tanto, no seáis rebeldes contra Jehová, ni temáis al pueblo de esta tierra; porque nosotros los comeremos como pan; su amparo se ha apartado de ellos, y Jehová está con nosotros; no los temáis (Nm. 14:8-9).

Cuando hacemos caso omiso a la Palabra de Dios, cuando la desobedecemos o no creemos en sus promesas, experimentamos la derrota.

Tristemente, los israelitas tenían sus propias ideas acerca de la mejor decisión: "Entonces la multitud habló de apedrearlos..." (v. 10). Si el Señor no hubiera intervenido, ¡Josué y Caleb hubieran sido asesinados!

La actitud de desobediencia y rebeldía de los israelitas dio como resultado que todos murieran en el desierto dentro del siguiente periodo de cuarenta años. Su falta de confianza en Dios y el que fuesen incapaces de seguir su Palabra tal como les había sido transmitida por Josué produjo su derrota. No llegaron nunca a la Tierra Prometida, aunque sus descendientes sí lo hicieron.

Querida amiga, lo mismo se aplica a ti y a mí hoy. Cuando hacemos caso omiso a la Palabra de Dios, cuando desobedecemos o no creemos en sus promesas, experimentamos la derrota. Pasamos por alto la voluntad de Dios y, trágicamente, nos perdemos muchas de sus grandes y preciosas promesas (2 P. 1:4). Así recogemos todo lo contrario al éxito.

Probar el éxito de Dios

La sencilla receta que Dios le ofreció a Josué para obtener el éxito seguro va en contra de todo lo que el mundo considera como la fórmula del éxito. La mayoría de las personas juzgan a los demás primeramente por su belleza y por su aspecto, incluidas su ropa y las joyas que llevan puestas. Quieren saber cuáles son los títulos de sus trabajos y sus ingresos anuales. Luego pasan a la clase de casas que tienen y los autos que conducen. Sin embargo, Josué siguió la receta de Dios y añadió cantidades masivas de los ingredientes que requería. Josué le volvió la espalda al mundo y a su taza de medir el éxito. ¡Siguió las instrucciones dadas por Dios al pie de la letra y funcionó sin duda alguna! Si sus logros y sus éxitos hubieran aparecido en la lista del libro *Who's who*, nos habríamos enterado de estos fabulosos logros.

Josué tuvo éxito contra sus enemigos. Poco después de que el pueblo de Dios cruzara el Mar Rojo y dejara atrás la esclavitud de Egipto, Israel fue atacado por un fiero grupo de nómadas: los amalecitas. Moisés le pidió a Josué que guiase a un grupo de soldados, que no habían sido entrenados, en la batalla. Es muy posible que Josué se sintiera atemorizado e inseguro de sí mismo y de su ejército formado por la chusma, pero a pesar de esto, fue obediente, y Dios le concedió una magnífica victoria (Éx. 17:8-13).

Cuando te encuentres con enemigos y obstáculos, confía en Dios y haz su voluntad. Cuando tengas tus momentos de debilidad y de dudas, levanta la vista, cree en el plan de Dios y en sus promesas, y ¡sigue adelante! No conocerás nunca el éxito sin dar ese primer paso de obediencia. El éxito es, con frecuencia, algo tan sencillo como dar un primer paso.

Josué tuvo éxito en la batalla. En esta ocasión, a Josué se le pidió que conquistase a un pueblo malvado y violento, y se enfrentara con fuerzas abrumadoramente superiores. Moisés, el más grande líder israelita, estaba muerto, y le pidieron a Josué que se pusiera al frente y dirigiese un ataque con un ejército sin la menor preparación, en contra de un enemigo muy superior, incluso a los amalecitas. Dios le asignó a Josué la tarea de invadir una tierra con numerosas ciudades fortificadas, bien armadas, con luchadores listos para la batalla. Josué obedeció de nuevo a Dios, y Él le concedió la victoria (Jos. 3—12). De hecho, Josué tuvo tanto éxito en lo que se refiere a invadir y conquistar la tierra que los estrategas militares de hoy día todavía siguen estudiando sus enfoques a la batalla.

Piensa de nuevo acerca de las asignaciones que te ha dado Dios. ¿Te enfrentas con tus tareas bajo la dirección de Dios, como lo hizo Josué, o lo haces sola? ¿Lo haces a tu manera? ¿Estás participando en una batalla con un adolescente nada comunicativo, que se aparta de la familia? ¿Con alguien que tal vez no quiera tener nada que ver con Dios y su Hijo? ¿Existe un problema marital, un marido que se muestra muy poco emocionado en cuanto a cumplir con las asignaciones que le han sido dadas por Dios? ¿Hay problemas y personas problemáticas en tu trabajo? Fíjate en la Palabra de Dios y descubre lo que dice que debes hacer, siguiendo el ejemplo de Josué. Haz lo que dice Dios y hazlo a su manera. Obtendrás el éxito, aun cuando esto solo represente saber que has obedecido al Señor.

Josué tuvo éxito en sus asignaciones. Para Josué las batallas fueron solo el principio. Se encontró con piedras de tropiezo una y otra vez a la hora de realizar la tarea que Dios le había encomendado: debía implementar la promesa de Dios de darle una herencia a su pueblo. Humanamente hablando, diríamos que la asignación encomendada a Josué era imposible. Cada una de las doce tribus que formaban la masa del pueblo de Dios tenía su propio grupo de líderes, su propia cultura tribal y sus propias ideas. Imagínate lo que representaba dirigir esta multitud tan diversa e intentar complacer a más de dos millones de nuevos dueños de casas, todos los cuales querían una propiedad con agua, las mejores vistas y, como es natural, la mejor ubicación (Jos. 13—19). Pero a pesar de eso, Josué se mostró firme en su decisión de llevar adelante lo que se le había asignado y lo llevó a cabo. Obedeció y acabó su asignación… ¡Con éxito!

Debemos creer en el plan de Dios para nosotras, aferrarnos a él, ir hacia delante y acabar la tarea. ¡Solo entonces conoceremos la clase de éxito que nos ofrece Dios!

El deber que le había encomendado Dios a Josué era a largo plazo. Era exigente y tremendamente dificultoso. Si tus "asignaciones" se parecen en algo a las mías y a las de la mayoría de las mujeres, darán la impresión de ser también intimidantes. Pero nosotras tenemos el mismo Dios que tuvo Josué y las mismas promesas de Él. Nosotras, al igual que Josué, debemos escuchar todo lo que nos dice Dios y aferrarnos a eso. Debemos creer en el plan de Dios para nosotras, aferrarnos a él, ir hacia adelante y acabar la tarea. ¡Solo entonces conoceremos la clase de éxito que nos ofrece Dios!

Josué tuvo éxito en su vida personal. No cabe duda alguna de que Josué fue una persona clave en la conquista de la tierra. Pero encima de eso, supo resolver de manera diplomática una labor que era prácticamente imposible: dividir la tierra entre las doce tribus de Israel. Eso es fantástico, ¿no crees? Pero además Josué tuvo éxito desde el punto de vista *personal.* Experimentó el placer de la satisfacción de un trabajo bien hecho. Disfrutó sentirse realizado por sus esfuerzos, por su trabajo y las décadas de fiel obediencia. Y tal vez lo mejor de todo, sabía en su corazón que otros se beneficiarían gracias a su obediencia. El pueblo se sentía sinceramente agradecido y, para mostrar su aprecio, se levantaron como un grupo, lo honraron y le dieron la ciudad que les había pedido como su porción de la tierra (Jos. 19:49-50).

Tú también serás bendecida si, al igual que Josué, aplicas los requisitos de Dios para el éxito. Cuando haces lo mejor que puedes y lo das todo para seguir a Dios con todo tu corazón, escucharás el "bien hecho, buena y fiel sierva". Cuando sigas adelante hasta completar diligentemente un proyecto, experimentarás una sensación de realización que solamente la clase de éxito que te ofrece Dios puede producir. Además de recibir bendición tras bendición, ¡serás de bendición para otras personas!

Obediencia 101

Pensando de nuevo en los éxitos de Josué, en el evidente resultado de su obediencia a Dios, tengo una pregunta que hacer. Es una pregunta que me hago en oración cada día al hablar con Dios: ¿Hay algún aspecto en tu vida en el que no estás obedeciendo al Señor? Yo no dejo ese examen de mi alma para el domingo en la iglesia, es una pregunta que me hago a diario. Veinticuatro horas es un tiempo muy largo. Y son muchas las cosas que pueden suceder en el Departamento de Pecado en esas horas, de modo que para ser una mujer que sigue a Dios con todo mi corazón, hago todos los esfuerzos posibles por tener las cuentas claras con Él.

Un día una mujer se acercó a mí en la iglesia, me entregó un pedazo de papel y dijo: "Sé que estás interesada en esta clase de cosas y quería que tuvieras esto". En la parte superior de la página, estaba el título: "Preguntas que debemos hacernos a nosotras mismas todos los días". Una de las preguntas me atravesó el corazón: "¿Están bien todas mis relaciones?". Amiga mía, esa es una pregunta que cambia la vida si te la haces con un corazón de obediencia cada mañana y de nuevo cada noche, cuando pones tu cabeza sobre tu almohada. Te animo a que la incluyas al examinar tu alma a diario.

Si Dios te revela la existencia de un problema entre tú y otra persona, o algún malicioso desprecio o ira de tu parte hacia alguien, es preciso hacer algo al respecto. Y si preguntas si hay algún aspecto en tu vida en el que no estás obedeciendo al Señor y sabes en tu corazón que lo hay, entonces debes hacer algo al respecto. Esta es la Obediencia 101.

Afrontémoslo, no queremos fracasar ni nos gusta el fracaso. Admitir el pecado es doloroso. Pero es al mismo tiempo un paso obligatorio de obediencia que Dios nos hace. Como dijo Cristo: "Si me amáis, guardad mis mandamientos" (Jn. 14:15). Con la obediencia a Dios viene el gozo..., y las bendiciones de Dios..., y la clase de éxito de Dios. La mujer que tiene éxito *conoce* la Palabra de Dios, *ama* la Palabra de Dios y *vive* conforme a la Palabra de Dios. Estas son las claves del éxito en el ámbito espiritual, que se manifestarán también en el ámbito práctico del día a día. La mejor medida de la vida espiritual no es lo emocional que eres respecto a las cosas del Señor, a pesar de que las emociones son importantes. No, es lo obediente que eres.

Un paso adelante

A fin de poder avanzar en tu deseo de seguir a Dios con todo tu corazón, imita la devoción de Josué. Él amaba al Señor y también amaba el libro de la ley. En Josué hallamos un ejemplo muy claro de cómo puedes alcanzar el éxito a la manera de Dios. El Señor te está mostrando dónde puedes hallar el valor y la esperanza de la victoria, así como la sabiduría necesaria para cumplir con tus responsabilidades. La fidelidad de Josué a las cuidadosas instrucciones dadas por Dios revela la manera de hacerlo. Si amas a Dios, lo sigues y obedeces su santa Palabra, tendrás el éxito según Dios, ¡y eso es lo que cuenta en realidad!

¿Cómo puedes conseguir que la fórmula del éxito te funcione?

- *Vuelve a examinar* tu vida de acuerdo a los tres componentes clave del éxito: tu corazón por la Palabra de Dios, tu corazón para pensar en la Palabra de Dios y tu corazón para obedecer a la Palabra de Dios.
- *Renuncia* a cómo has definido el éxito en el pasado y permítele a Dios que sea Él quien defina tus valores de modo diferente.
- *Reflexiona* acerca de tu nivel de obediencia. ¿Has sido lo suficientemente cuidadosa como para hacer lo que dice la Biblia?
- *Vuelve a alinear* tus costumbres y valores con el fin de demostrar la perspectiva y el nivel de obediencia a los deseos de Dios.
- *Sé consciente* del impacto de tu obediencia. ¿Qué es lo que te está pidiendo Dios que hagas? Obedecer marca una enorme diferencia, más allá de lo que puedes pensar o soñar. Imagínate lo que sería el mundo si…

> Noé hubiera dicho: "Yo no construyo barcos".
> David hubiera dicho: "Yo no me enfrento con Goliats".
> María hubiera dicho: "Yo no me dedico a los nacimientos virginales".
> Juan el Bautista hubiera dicho: "Yo no bautizo".

Pablo hubiera dicho: "Yo no escribo epístolas".
Jesús hubiera dicho: "¡Yo no cargo cruces!"[1]

Y qué hubiera sucedido si...

Josué hubiera dicho: "Yo no me dedico a cruzar el Jordán".

Sección 2

Cómo ser una mujer valiente

Si es el plan [de Dios] que pasemos
por un río, o que ataquemos una ciudad
amurallada o que luchemos contra un ejército,
lo único que tenemos que hacer es ir adelante.
Él hará que las montañas desaparezcan.
Los ríos se secarán; las murallas se
derrumbarán; y los ejércitos se dispersarán.

F. B. Meyer

5

Concentrarse en la grandeza

Mira que te mando que
te esfuerces y seas valiente;
no temas ni desmayes, porque
Jehová tu Dios estará contigo en
dondequiera que vayas.

Josué 1:9

¡Estoy muy emocionada! Dentro de una semana, voy a viajar al Gran Cañón para hablar en una conferencia para mujeres. Estoy feliz con este acontecimiento y con las maravillosas mujeres a las que voy a conocer. Sin embargo, no puedo dejar de pensar en la primera vez que contemplé este inmenso y extraordinario desfiladero, esta maravilla geológica que es el *Gran* Cañón. Nuestro viaje tuvo lugar cuando Jim y yo nos mudábamos a California. Nuestro recorrido nos llevó a casi cien kilómetros de este cañón de fama mundial. Estábamos tan cansados que casi no fuimos al borde del cañón, pero decidimos que debíamos ir. ¡Qué contenta estoy de haberlo hecho!

Recuerdo con toda claridad estar junto a Jim en el miradero, tomados de la mano, los dos totalmente asombrados. Desde un lugar favorable, de repente vimos un pequeño hilo de agua a un kilómetro y medio por debajo de nosotros. En la placa de información, leímos que era el río Colorado, el segundo en longitud en los Estados Unidos, con un recorrido de 3.200 kilómetros. Es tan poderoso que si una persona se colocara en un punto y lo mirara durante todo un día, un millón de toneladas de arena, de fango, de arena gruesa y de cantos rodados, por no mencionar el agua, pasarían por allí. Y todo ello a *gran* velocidad. Sin embargo, en algunos lugares, este río es solo de tres metros y medio de profundidad.

¿Cómo era posible que este pequeño chorro de agua tuviese una fuerza y una potencia de tal magnitud que pudiera tallar, con el tiempo, un vasto desfiladero de casi dos kilómetros de profundidad? —nos preguntábamos. La respuesta está en las murallas del cañón. Sin los terraplenes verticales a cada lado que restringen, guían y canalizan esta relativamente pequeña corriente de agua, esa agua no sería otra cosa que un lago. Con las murallas… gracias a ellas, el mundo tiene una maravilla.

Espero que contengas el aliento y te aferres a algo, porque Josué 1:9 te introduce en la fuerza y el poder que posee tu vida cuando la canalizas entre dos murallas inamovibles que erige Dios. Con ellas Él te guía y te concede el poder necesario para poner en práctica su plan para tu vida.

El poder puede venir en pequeños paquetes

Fuerza. Poder. Magnífico y sorprendente. Eso es lo que quiero que mi vida sea y refleje. Un milagro que evidencia energía e influencia ocultas. Una maravilla que no se puede explicar… excepto por Dios y gracias a Él.

Al pensar en el hecho de ser mujer, me doy cuenta de que la Biblia describe a las mujeres como el "vaso más frágil" o "la compañera más débil" (1 P. 3:7). Sin embargo, cualquier mujer por débil o pequeña que sea, limitada o privada, puede causar un poderoso efecto que haga que otros se detengan y miren, se maravillen y glorifiquen a Dios. Al igual que el río Colorado, que parece una cinta en el fondo del Gran Cañón, nosotros podemos marcar una sorprendente diferencia y hacer cosas asombrosas para Dios.

¿De qué manera?

Poniendo en práctica las lecciones de la vida que encontramos en Josué 1:8-9. Haciendo lo que hizo Josué: aceptar lo que dice Dios al pie de la letra, creer en sus promesas, actuar conforme a su voluntad, contar con su presencia, poner alas a nuestra fe en Dios y seguirlo con todo nuestro corazón... Pase lo que pase.

Funciona de la siguiente manera. Dios nos da un mandamiento: algo que Él quiere y espera que hagamos. Puede ser algo que nos asuste, o sea difícil o parezca imposible. O tal vez ya nos sintamos agotadas antes de empezar. Sin embargo, sabemos que Él quiere que lo hagamos, por lo tanto, la decisión que vayamos a tomar empieza justo al llegar a ese punto. ¿Lo haremos o no lo haremos? ¿Realizaremos el esfuerzo o no? ¿Estaremos al menos dispuestas a intentarlo? ¿Haremos nosotras como Josué, es decir "levantarnos y pasar el Jordán" (Jos. 1:2), sea lo que fuese y requiera lo que requiriese? Fíjate una vez más en lo que dice Josué 1:9:

> "Mira que te mando que te esfuerces y seas valiente; no temas ni desmayes, porque Jehová tu Dios estará contigo en dondequiera que vayas".

El camino al éxito

Veremos el versículo 9 en un momento, pero primero echa un vistazo rápido atrás. En la sección anterior, nos metimos de lleno en Josué 1:8, al que hace referencia Dwight L. Moody —un famoso predicador del pasado—, como "la instrucción de Dios para el estudio de la Biblia". Allí descubrimos los factores que se requieren para el éxito, tal como los ha transmitido Dios por medio de su siervo Josué. Nos enteramos de lo que hace que una mujer tenga éxito a los ojos de Dios:

- Crece diligentemente en su conocimiento de Dios y su Palabra.
- Guarda fielmente la Palabra de Dios en su corazón.

- Piensa cuidadosamente en la Palabra de Dios, en todo tiempo y en todas las situaciones.
- Pone fielmente en práctica la Palabra de Dios por medio de la obediencia.

¿Cuál es el resultado? La prosperidad, una vida de paz interior, favor, bendición, contribución y significado, además de una vida de coraje, confianza y entrega absoluta. Ahora volvemos de nuevo a Josué 1:9. Debemos seguir adelante con valor, porque Dios está con nosotras.

Seguir a Dios, pase lo que pase

¿En quién podemos fijarnos como ejemplos de éxito y poder en su servicio a Dios? En las personas con las siguientes características:

- Un inexplicable poder en lo que han hecho y en lo que han realizado.
- Una evidente sabiduría en sus palabras.
- Claridad de visión y de propósito.
- Abundante fortaleza y energía para llevar a cabo las tareas que tienen ante ellas, ya sea una tarea diaria, monótona o un reto especial.

Al leer sobre algunas personas que sirven de ejemplo para nosotras, no dejes de fijarte en que, prácticamente, todas ellas consiguieron éxito y poder luego de pasar sufrimientos y adversidades. A pesar de esto, cada una tuvo que dar un paso de fe y de valor al depositar absolutamente toda su confianza en Dios, siguiéndolo hacia lo desconocido y, en la mayoría de los casos, incluso hacia lo desagradable.

José. El éxito no es algo que sencillamente sucede. Como dice Charles Swindoll: "El éxito se alcanza cuando la preparación se encuentra con la oportunidad". José es una de las más fantásticas historias de éxito en la Biblia. Ha quedado constancia de su historia en Génesis 37—50. Pero su éxito no lo consiguió sin luchas. Ser vendido como esclavo por sus diez celosos hermanos hizo que José, el hijo favorito y mimado del patriarca bíblico Jacob, se convirtiese en un humilde siervo de la casa de un oficial egipcio y después en un prisionero encadenado (Gn. 39:1-20).

Estas situaciones no impidieron que José tuviera éxito. Para empezar, "halló gracia" a los ojos de su amo egipcio (v. 4). Luego, cuando fue injustamente tratado, Dios "...le dio gracia en los ojos del jefe de la cárcel" donde había sido encarcelado por causa de una mentira (v. 21). Y las sabias sugerencias de José después de haber interpretado los sueños de Faraón hicieron que además hallase favor de parte de este y de sus consejeros (41:37).

¿Cómo se produjo ese éxito? La integridad de José y su duro trabajo en medio de las dificultades le sirvieron para ganar favor a los ojos de Dios. Incluso cuando se encontró solo, en un país diferente y lejano, obligado a convertirse en siervo y en prisionero, José siguió a Dios con todo su corazón, pasara lo que pasase. Dios bendijo la actitud y el trabajo de José, algo en lo que todos los que le rodeaban se fijaron. Que José se concentrase en complacer a Dios produjo como resultado que se convirtiera en el segundo en importancia después del poderoso Faraón egipcio, lo cual le sirvió para salvar al pueblo de Dios cuando hubo gran hambre en la tierra (Gn. 50:20).

Daniel. Aunque fue un joven privilegiado antes de que los babilonios lo llevaran cautivo, Daniel no regresó nunca junto a su familia ni su tierra (Dn. 1:3-6). Al igual que José, tuvo opción en cuanto a cómo responder. Pudo haberse sentido furioso, deprimido, desanimado o abatido. Pero también como José, decidió fijar su atención en Dios para ser y hacer lo mejor que podía en lo que le pidieran, en su indeseable situación (8:18-20). Daniel sirvió fielmente —y de manera inflexible— a tres reyes paganos, durante un periodo de unos 70 años en dos imperios. El rey Nabucodonosor, el primer rey, recompensó a Daniel por sus esfuerzos y "…le dio muchos honores y grandes dones…" y además "le hizo gobernador de toda la provincia de Babilonia, y jefe supremo de todos los sabios de Babilonia" (2:48).

¿Cómo se produjo este poder y éxito? En una sola palabra: *Dios*. "Puso Dios a Daniel en gracia y en buena voluntad con el jefe de los eunucos" (Dn. 1:9). Que Daniel haya logrado sobrevivir milagrosamente del foso de los leones fue debido a que "…el Dios de Daniel… ha librado a Daniel del poder de los leones", según testificó el rey Darío (6:26-27). Daniel se pasó toda la vida viviendo para Dios y haciendo su voluntad con valor, pasara lo que pasase.

Ester. Habiendo sido llevada de su casa al harén del gran rey de Persia, la preciosa Ester se halló en una terrible situación. Pero al igual que otros que brillan con todo su esplendor como ejemplos de aquellos que se levantaron por encima de sus difíciles circunstancias, Dios obró por medio de esta mujer hebrea y a favor de ella. Gracias a Dios y al espíritu de mansedumbre de Ester, "la doncella agradó a sus ojos, y halló gracia delante de él [el guardia de las mujeres]…". Además Ester se ganaba "…el favor de todos los que la veían". Y como si esto fuera poco, "…el rey amó a Ester más que a todas las otras mujeres, y halló ella gracia y benevolencia delante de él… [quien] puso la corona real en su cabeza, y la hizo reina…" (Est. 2:9, 15, 17).

El valor y el carácter de Ester —sin importar dónde estaba y las circunstancias—fueron bendecidos por Dios. En su gran providencia, el Señor le concedió el éxito, lo cual le aseguró el puesto de reina. En esa posición, luego influenció al rey y salvó las vidas del pueblo de Dios que vivía en aquel país (7:3; 9:24-25).

Rut. Repasa detenidamente el libro de Rut y te encontrarás con algo extraordinario. Aunque era una extranjera en tierra extraña, la joven viuda Rut se ganó los corazones y la admiración de todo un pueblo. Después de la muerte de su marido y la de su suegro, Rut tomó la valerosa decisión de marcharse de su país y de su familia para irse con su suegra Noemí. Ella decidió seguir a Noemí y a su Dios con todo su corazón, camino a Belén (Rt. 1:22).

Acerca de la actitud, los esfuerzos y la ética de trabajo de Rut, el muy respetado Booz, un hombre de negocios, dijo: "...He sabido todo lo que has hecho con tu suegra...". Booz también hizo notar: "...toda la gente de mi pueblo sabe que eres mujer virtuosa". Las mujeres de la ciudad también se dieron cuenta de que Rut tenía un corazón devoto y le recordaron a Noemí: "...tu nuera, que te ama... es de más valor para ti que siete hijos" (Rt. 2:11; 3:11; 4:15).

El favor y la bendición de Dios elevaron a esta joven viuda, que siempre espigaba en los campos para buscar alimento para Noemí y para sí misma, a la posición de esposa y próspera propietaria del terreno de Booz. Él y Rut tuvieron un hijo, llamado Obed, y Obed se convirtió en el abuelo de David, del linaje de Jesucristo, el Mesías y Salvador de todos los que confían en Él.

María, la madre de Jesús. La joven María fue bendecida por todas las generaciones (Lc. 1:48; te animo a que leas la historia de María que comienza en Lc. 1:1). Ella fue escogida y recibió la gracia de Dios para convertirse en una vasija humana —la madre—, que quedó embarazada del Espíritu Santo y dio a luz al Hijo de Dios, nuestro Salvador Jesucristo. Este papel tan deseado solo podía ser concedido a una mujer en la historia de la humanidad, y esa mujer fue la que siguió a Dios con todo su corazón. Por ese motivo, María fue muy favorecida y halló gracia a los ojos de Dios (vv. 28 y 30). ¿Qué fue lo que mereció tan grande alabanza? No fue su duro trabajo ni su agradable disposición. No. Fue un tributo a su ser interior, que se expresa en su Magníficat, el cántico que entregó a Dios, cuando su corazón para Él se llenó hasta desbordarse con sus alabanzas (vv. 46-55).

No sabemos la edad que tendría María, pero es muy probable que fuese una adolescente cuando Dios anunció su plan para la vida de ella. Con un corazón de fe, lo siguió con valor e hizo su voluntad, a pesar de que no la entendía. María se destaca como un ejemplo de éxito: una vida humilde y un corazón devoto y obediente, dispuesto a abrazar la invitación de Dios que se extendía a aquella que fue "bendita" entre todas las mujeres (v. 28), aunque haya tenido que enfrentarse con luchas y sufrimientos. Dios honró su corazón y escogió a esta mujer joven que se consideraba a sí misma "la sierva del Señor" (v. 38). Tal como afirmó María, Dios desprecia a los poderosos y exalta a los humildes (v. 52).

> *¡Deja que el poder y la fuerza de la Palabra de Dios te revitalicen!*

Un paso adelante

Hay una historia más de éxito sobre la que hablar: *¡la tuya!* Cuando tú, al igual que este grupo de seguidores de Dios, concentres tu corazón, tu alma, tu mente y tus fuerzas en Dios y su Palabra, experimentarás la clase de éxito de Dios. Por medio de su Palabra, Él te revela su voluntad y te da el poder que necesitas para realizar las tareas que te tiene destinadas.

¿Cómo puedes ir adelante en tu deseo de ser una mujer más valiente? ¿Cómo puedes cruzar cualquier río que te impida el progreso, atacar cualquier obstáculo que aparezca y luchar en contra de los enemigos?

Las verdades en la Palabra de Dios deben ser lo primero y lo más importante en tu mente y en tu corazón. Es preciso que gobiernen cada uno de tus pensamientos, palabras y hechos. Después de todo, la Biblia es para *ti*, para edificarte. No está ahí para prepararte para el ministerio y el servicio (¡aunque no hay duda de que lo hace!). Tampoco está ahí para que puedas obtener alguna clase de recompensa, de certificado o de reconocimiento por el número de versículos que memorizas (aunque eso no puede perjudicarte y sin duda, puede serte de ayuda). No, está aquí para estimularte, para cambiarte, para enseñarte los caminos de Dios, para mostrarte la voluntad de Dios y para darte poder a fin de que puedas seguir adelante con valor.

Camina con cuidado para que tu atención se centre donde debe hacerlo y en la Persona indicada. Centra tu atención en Dios, no en tus problemas. En sus mandamientos, no en tu confusión. En su presencia, no en tus temores. Sírvelo a Él, confía en Él y cuenta con Él. Después de que el salmista se preguntase: "…¿De dónde vendrá mi socorro?…", respondió: "Mi socorro viene de Jehová…" (Sal. 121:1-2). Tienes los mandamientos de Dios (su voluntad) y la presencia de Dios. ¿Qué más necesitas?

Cuando recibas la energía de su fuerza y su poder, podrás seguir a Dios con todo tu *corazón* y llevar a cabo las tareas que Él te encomiende y para las cuales te ha llamado. Puedes realizar todo lo que tienes que hacer a diario y durante toda tu vida, sea lo que sea. ¡Esa es la definición de Dios para la grandeza! Puedes guiar a tus hijos, ayudar a tu marido, servir en el ministerio, prestar ayuda a otros y vivir con éxito, mientras pones en práctica la voluntad de Dios y el plan que Él tiene para ti. La Palabra de Dios es fuerza y poder, el poder para hacer su voluntad, sin importar dónde o en qué circunstancias. *¡Con Dios como tu centro, serás fuerte y valiente!*

No se puede decir que algo es imposible cuando Dios dice: "¡Adelante, alma, levántate, pasa este Jordán!"

F. B. Meyer

6

Enfrentar lo imposible

Mira que te mando que
te esfuerces y seas valiente;
no temas ni desmayes, porque
Jehová tu Dios estará contigo en
dondequiera que vayas.

Josué 1:9

Durante mis días como consejera bíblica, vinieron a hablar conmigo más de una mujer con quejas que decían más o menos así: "No puedo conseguir que esto funcione, así que ¿para qué intentarlo? ¡Es imposible!". Estas mujeres se habían dado por vencidas (o se habían cansado de intentarlo). Habían decidido que *eso* (sea lo que fuese) sencillamente no se podía hacer: "No puedo arreglar mi matrimonio". "No puedo ayudar a mis hijos". "Nunca podré dedicarme al ministerio". "Mi problema no se puede resolver". Así una y otra venían con una lista de situaciones imposibles, sin esperanza ni soluciones.

Lo que estas mujeres, tú y yo podemos hacer de inmediato es aprovecharnos de la advertencia que le hizo Dios a Josué: "Esfuérzate y sé valiente". Al igual que Josué, que estaba guiando al pueblo de Dios a la Tierra Prometida, tenemos necesidad de permanecer firmes y tener valor al examinar nuestros asuntos y los papeles que nos ha confiado Dios, los trabajos y las oportunidades. Y también como le sucedió a Josué, necesitamos recordar que *el Señor nuestro*

Dios está con nosotras dondequiera que vayamos. Nada es jamás tan malo o tan imposible como parece, cuando nos damos cuenta de que Dios está con nosotras en todo lo que tenemos que afrontar.

Siete costumbres para tener fuerza y valor

Dios le dice a Josué que sus problemas no son en realidad *problemas*, sino que son la necesidad de fortaleza cuando enfrenta las *oportunidades*:

> "Mira que te mando que te esfuerces y seas valiente; no temas ni desmayes, porque Jehová tu Dios estará contigo en dondequiera que vayas" (Jos. 1:9).

¡Sé fuerte, Josué! En esencia, Dios le dijo: "Fortalécete a ti mismo, anímate a ti mismo, endurécete, compórtate con valor y coraje. ¡Esto es algo que puedes hacer porque yo estoy contigo!".

Al pensar en ser fuerte en el Señor, sin dobleces, determinada, llena de fe, no me quedó más remedio que asentir con la cabeza y decir: "¡Ah, sí!". Me pude relacionar totalmente con cualquiera y con todas las *respuestas en sentido contrario*... hasta que comprendí el concepto de *ser fuerte.* Como entenderás, querida lectora, mi rutina comienza casi de la misma manera todos los días. Me despierto, normalmente antes de que suene el despertador, y mi mente se vuelve loca. Volver a dormirme en realidad resulta un tanto imposible porque mi mente es como una pequeña grabadora que empieza con la misma canción todos los días: "¡Tengo mucho que hacer!". En el pasado, antes de haber aprendido acerca de Josué 1:9, mi proceso mental concluía: "¿Para que intentarlo? Después de todo, es imposible. ¿Por qué molestarse en intentar hacer ni siquiera una parte de todo ello?".

Pero gracias a las instrucciones firmes y enfáticas de Dios de ser fuerte y valiente, me he vuelto más fuerte mentalmente. Empecé convirtiendo en una costumbre ser fuerte en Cristo (por muy ocupado e imposible que fuese mi día, mi trabajo o los retos con los que me enfrentase). Empecé metiéndome de lleno en mi propio río Jordán, dando con valor el primer paso de mis días imposibles y adopté siete costumbres que continúan ayudándome a descubrir una fuerza fenomenal e inexplicable que pone en práctica de manera activa la voluntad de Dios. Es entonces y solo entonces cuando tengo la oportunidad de convertirme como el río Colorado, que comenzó con su efecto de erosión, pero siguió rodando mientras iba esculpiendo el Gran Cañón… Y todavía continúa haciéndolo.

1. *Descubre el carácter de Dios.* Si buscas en tu Biblia Números 14:9, descubrirás que al llegar Josué a la edad de cuarenta años había entendido unas cuantas cosas acerca del carácter de Dios, quien había prometido la victoria a su pueblo. De este modo, Josué pudo animar a las masas descontentas diciéndoles: "Por tanto, no seáis rebeldes contra Jehová, ni temáis al pueblo de esta tierra; porque nosotros los comeremos como pan; su amparo se ha apartado de ellos, y con nosotros está Jehová; no los temáis".

Dios le había concedido y continuaría concediéndole la victoria a su pueblo. La naturaleza misma del Señor no le permitía y nunca haría que se volviese atrás respecto a las promesas que les había hecho. Josué pudo ir a la batalla con valor, fortaleza y propósito, sabiendo que Dios le había asegurado la victoria y que no lo iba a decepcionar ni permitir que fracasara.

Esta misma manera de entender el carácter de Dios también hará que puedas sentir confianza. Dios ha prometido su presencia y te ha asegurado la victoria definitiva, así que vive confiadamente cada día, al intentar seguir a Dios con todo tu corazón. El apóstol Pablo lo expresó de la siguiente manera: "Mas a Dios gracias, el cual nos lleva *siempre* en triunfo en Cristo Jesús…" (2 Co. 2:14). ¿Crees en esto? Si es así, confía en Dios y participa en tus batallas.

2. *Abraza el plan que Dios tiene para ti.* Dios le dio a Josué un encargo claro, concreto y enorme. La tarea que tenía por delante no

sería sencilla, pero sabía lo que tenía que hacer. Asimismo, Dios te ha dado a ti y me ha dado a mí una tarea que realizar. En mi caso…

> *Escena 1*: Soy una esposa, lo cual significa que soy responsable del cuidado humano de mi marido, así que Jim es mi más importante prioridad *humana*. Es la persona o el asunto más importante en mi lista diaria de cosas que hacer. Querer y cuidar de Jim es la voluntad de Dios para mí. Es donde tengo que usar mi segundo esfuerzo y energía (¡mi primer esfuerzo es para Dios!)

En su libro *Let Me Be a Woman* [Déjame ser una mujer], Elisabeth Elliot escribe: "Cuando usted toma una decisión, está aceptando las limitaciones de esa decisión, y aceptar las limitaciones requiere madurez. Hacer esto no es hacer lo otro. Ser esto no es ser lo otro. Así que el estar casada no es estar soltera, lo cual puede significar no tener una carrera". La Sra. Elliot dijo además: "Casarse con este hombre no es casarse con los demás hombres".[1] (Y yo añadiría: no es ni siquiera *mirar* a los otros).

Escoger es una limitación en sí misma, de modo que cuando te casas, tiene una nueva tarea asignada. Puedes luchar e irritarte en contra de la tarea que te ha sido asignada o puedes ceder, aceptando que es algo que procede de Dios y sabiendo que representa su camino para tu vida. Puedes dedicarle todo a tu matrimonio, sabiendo que estás siguiendo la voluntad de Dios. Y no olvides lo que Él prometió en Josué 1:8: "…Así prosperarás y tendrás éxito" (NVI). (Dedicarnos de lleno a nuestro matrimonio y a nuestro marido es el camino de las bendiciones inconmensurables, indescriptibles y sin límite. Es el camino del éxito).

> *Escena 2:* Cuando Jim y yo nos convertimos en padres, recibí la asignación de una tarea más de parte

> del Señor: ser la mejor madre que pudiera ser. ¡Por supuesto que quería a mi bebé recién nacido con toda mi alma! Pero de repente, tenía un sacrificio adicional. No solo debía sacrificarme por mi marido, sino que ahora me enfrentaba con lo que significaba sacrificarme por una hija: dejar a un lado otras cosas (¡durante décadas enteras!) y dedicar esos años a cuidar, enseñar, educar e instruir a nuestra hija. Cuando nuestra hija era pequeña, ¿quién se levantaba a media noche cuando lloraba o tenía una necesidad? ¿Quién tenía (iba a decir "de los dos", pero sabemos quién es la que lo hace, ¿no es cierto?) que renunciar a una buena noche de sueño? Después Jim y yo tuvimos otra hija, así que los sacrificios necesarios fueron en aumento. Cuando las niñas crecieron, ¿quién dormía con un ojo abierto y un oído pendiente hasta que sabía que todo el mundo había regresado a casa del trabajo, de las clases, del estudio y del tiempo con las amistades? Y cuando el nido quedó vacío, ¿quién se tuvo que ocupar de las relaciones a larga distancia? Sabes la respuesta, ¿no es así? Yo… Y tú en tu casa… ¡Porque para eso somos madres!

Una madre de la Biblia, Ana, nos demuestra el éxito de la dedicación y la fortaleza (lee su inspiradora historia en 1 S. 1—2). Ana se enfrentó con una difícil tarea. Para comenzar, era la esposa fiel de Elcana. Su vida y su matrimonio fueron difíciles retos debido a que había otra esposa. La segunda esposa le dio hijos a Elcana, pero Ana permaneció estéril durante muchos años. Por fin Dios le concedió su deseo y le dio un hijo y una situación que hacía necesaria una dedicación extraordinaria. Dios le dio a Ana y a Elcana el pequeño Samuel, al que criaron y enseñaron con diligencia acerca de Dios durante tres años… Hasta el momento mismo en que lo entregaron para que fuese criado en el Templo, tal como Ana le había prometido a Dios. Sí, Ana tuvo que enfrentarse con una tarea mucho más dura que de costumbre, pero obedeció a Dios en todos los sentidos. Ella obedeció la ley, guardó el voto nazareo que había hecho y mantuvo la promesa que le había hecho a Dios de devolverle al pequeño Samuel para toda una vida de servicio a Él.

Así como el río Colorado esculpe el Gran Cañón, algo magnífico viene de encauzar tu vida entre las dos murallas de la voluntad de Dios y su presencia.

Cuando los cristianos de nuestros días buscan un excelente ejemplo de lo que es una madre, en la primera que piensan muchos es en Ana. De hecho, yo tengo un volumen entero de investigación en el que se considera a Ana "la mujer que personifica el ideal de la maternidad".[2] ¿Y cómo termina su historia? Después de haber seguido la receta de Dios para el éxito y para fortalecerse a sí misma con valor durante toda la vida hasta tener que dejar a su hijo con un sacerdote, ¡Ana tuvo cinco hijos más! Ella se dedicó de lleno a todos ellos, manteniendo una relación a larga distancia con su primer hijo. Ana fue una madre que tuvo éxito y además valor. Y Samuel se convirtió en un siervo y profeta de Dios, que tuvo éxito y valor, y que además fue líder y juez del pueblo de Dios y un hombre dedicado fielmente a la oración.

Si tú (y también yo) eres fuerte, tendrás éxito en lo que realices en la vida. La fortaleza es el resultado de conocer los trabajos que te han sido asignados, los cuales crean ciertas limitaciones. Estas, a su vez, sirven para que agudices tu atención y canalices tu energía. Saber lo que *debes* hacer te muestra lo que *no puedes* hacer (o aquello a lo que debes renunciar, dejar a un lado o posponer). Estas limitaciones crean una poderosa y singular atención. Así como el río Colorado que va esculpiendo el Gran Cañón, algo magnífico viene de encauzar tu vida entre las dos murallas de la voluntad de Dios y su presencia. Cuando nos da la impresión de que la voluntad de Dios es imposible, la promesa de su presencia (y todo lo que ella incluye: su poder, guía, sabiduría, consuelo, provisión, estímulo) te fortalece para que puedas dar el primer paso y seguir adelante.

3. *Únete a mujeres cristianas más mayores que tú.* Cuando te encuentras en la presencia de hermanas en Cristo más templadas y espiritualmente maduras, creces, compruebas la fortaleza de ellas y sientes su poder de primera mano. Estar cerca de ellas te permite observar cómo se enfrentan con la vida y con otras personas y problemas. Puedes tomar nota de cómo piensan con claridad y actúan con sabiduría. Además puedes observar lo que sus años y sus experiencias les han enseñado acerca de Dios y su provisión. ¡Así recibirás una infusión de fortaleza!

Hay algunas mujeres que, por el solo hecho de estar junto a ellas, me hacen sentir algo, como una especie de intuición de su fortaleza, de sus gracias, de su valentía. Conozco a una mujer que le pidió a la esposa de su pastor que estuviese con ella en la sala de partos cuando su marido estaba en Irak, y su bebé iba a nacer, porque deseaba ser muy responsable de su comportamiento en ese momento tan difícil. ¡Por eso se lo pidió a la esposa de su pastor! La presencia de aquella mujer más madura hizo que esta mujer se beneficiase de algún modo, que le diese una cierta estabilidad, estimulada por su fortaleza y confianza en Dios.

4. *No escuches al mundo.* Puede que esto te cause un tremendo impacto o sorpresa, pero la programación diaria de la televisión normalmente no te ayudará a ser una mujer cristiana fuerte. Sí, por supuesto que hay algunos excelentes programas cristianos, pero en general la televisión no te ayuda a centrarte en Dios y en los papeles

que Él te ha reservado, como una mujer conforme a su corazón. Cuando enciendes tu televisor, te ves bombardeada por las normas del mundo, que pueden causar confusión y tentación. Cuanto más oyes y ves, más insegura puedes sentirte acerca de ser una cristiana, acerca de lo que debes hacer y lo que no debes hacer. ¿Por qué? Porque estás escuchando al mundo, que ofrece y promociona una información falsa. Cuando no estás segura, puedes acabar sintiéndote indecisa e insegura sobre qué hacer. Terminas siendo inconstante en tus caminos. Lo que estás buscando es un mensaje claro... El mensaje de Dios, que se encuentra en su Palabra. La singularidad del mensaje, el tema en torno al que gira, te dará fortaleza y valor para enfrentarte con lo que el día o la vida te depararen.

5. *Di: "Alguien tiene que..." y rellena el resto.* Esto es algo que aprendí del libro de Edith Schaeffer *What is a Family?* [¿Qué es una familia?]. A lo largo de todo el libro, la autora escribió: "Alguien tiene que" y a continuación rellenó el vacío con lo que estaba enseñando. Rellenar el resto me ayuda a sentirme más resuelta y me anima para ser más fuerte y tener más valor. Me digo a mí misma: *Bueno, alguien tiene que hacer esto... Y voy a ser yo.*

Una de las cosas que la Sra. Schaeffer mencionó en el primer capítulo de su libro es: "Alguien tiene que hacer de la familia una carrera. Alguien tiene que pasar el tiempo y hacer el esfuerzo necesario para conseguir que la familia suceda". ¿Quién debe ser ese alguien? Si no es la mujer, la esposa, la madre, ¿quién va a ser? Y la respuesta seguramente es: nadie. Alguien tiene que dedicar el tiempo, el esfuerzo, el duro trabajo, el sacrificio y la planificación necesaria para hacer que la familia tenga éxito. Alguien tiene que tener la seguridad de que la familia es importante (a pesar de que el mundo diga que la que cuento soy "yo"). Alguien tiene que gastar el resto de su vida pagando el precio de tener una familia. La Sra. Schaeffer acaba el primer capítulo afirmando: "Es preciso que alguien se dedique a las familias que forman la sociedad".[3]

Si pensar que "alguien tiene que hacer esto o lo otro" te ayuda a esforzarte en tus labores como esposa y madre hasta el máximo posible, actuando conforme a esos papeles, ¡fabuloso! *Alguien tiene que hacerlo.*

6. *Estudia la Palabra de Dios.* Me *encanta* leer sobre la vida de David en la Biblia y disfruto de manera especial la parte en la que luchó en contra de Goliat, el gigante (1 S. 17). Como sabes, David no era más que un pastorcillo, que se pasaba los días en el campo con las ovejas…, aunque también los pasaba *con el Señor*. Pasaba sus horas y días en soledad cuidando de los animales, cantando cánticos a Dios, tocando su flauta y pensando en el Señor y en su cuidado, su protección, su provisión y sus promesas.

Un día su padre lo envió al frente de batalla a llevar comida a sus hermanos mayores. Cuando llegó, Goliat se acercó a la línea de batalla y amenazó al pueblo de Dios, de nuevo. Se burló de ellos y habló de su Dios con desprecio. ¿Cuál fue el resultado? Los soldados israelitas sintieron pánico y huyeron, pero David, que tenía una perspectiva nueva debido a que había pasado mucho tiempo centrándose en Dios, dijo a los guerreros: "¡No dejen que ese hombre les hable de esa manera! Es un hombre grande, pero ¡ustedes son el ejército del Dios viviente!". David era como el niño que ve las cosas tal como son y lo dice. (¿Recuerdas el cuento, *El traje nuevo del emperador*?). El pastorcillo pudo ver lo que los más veteranos guerreros fueron incapaces de ver. Debido a que había vivido cerca de Dios, veía las cosas de manera diferente y con más exactitud.

> *Cuando estás cerca de Dios y pasas tiempo en su Palabra, ves con claridad.*

¡Lo mismo se aplica a ti! Cuando vives cerca de Dios y pasas tiempo en su Palabra, ves con claridad. Ves una situación tal como es y posees la fortaleza, el valor, la sabiduría y la perspectiva adecuada. ¡Todo porque te has centrado en Dios!

7. *Recuerda a las mujeres junto a la cruz.* Esto es mi estímulo "cuando todo lo demás falla" para recuperar la fuerza y el valor. Recuerdo a las mujeres junto a la cruz y junto a la sepultura de Jesús. Siempre que leo Marcos, capítulos 15 y 16, me sorprende el hecho de que un reducido número de mujeres permaneciera junto a nuestro Señor hasta el final mismo, ¡incluso cuando sus más cercanos discípulos se marcharon! Estas mujeres permanecieron cerca de la cruz durante la espantosa tortura y los sufrimientos de Cristo. Y la devoción de ellas no acabó con su muerte. Siguieron a aquellos que habían llevado el cuerpo de Jesús al sepulcro, donde lo colocaron.

Ni siquiera entonces terminó su devoción. Regresaron a sus hogares después del peor día de sus vidas y se prepararon para el sábado. Continuaron sirviendo al Señor comprando y mezclando fielmente las especias necesarias para ungir su cuerpo. "Cuando pasó el día de reposo… compraron especias aromáticas para ir a ungirle" (Mr. 16:1).

Puede que tú y yo hubiéramos pensado: *En fin, todo se ha acabado. Voy a seguir adelante con mi vida.* Pero no fue eso lo que hicieron estas mujeres. Por la mañana muy temprano, después del sábado, cuando habían quedado atrás todo el trauma de la crucifixión y la amenazadora oscuridad del día anterior, al salir el sol, fueron al sepulcro donde habían colocado el cuerpo de Jesús.

Nuestra tendencia humana natural es examinar las escapatorias, buscar una excusa o un motivo que nos evite tener que hacer acto de presencia o tener que hacer algo. Estas mujeres se dirigieron al sepulcro no sabiendo siquiera quién les iba a remover la pesada piedra de la entrada (v. 3). Junto a este versículo, escribí en mi Biblia: "No permitieron que una pequeña cosa como una roca maciza les impidiese ir".

Yo saco fuerzas de lo que soportaron estas valerosas mujeres en un día tumultuoso que acabó con el horror de la crucifixión de su Señor y Salvador. Ellas desearon hacer todo cuanto pudiesen por Él. Si yo hubiera tenido que experimentar tan solo una parte de lo que ellas tuvieron que pasar, posiblemente me hubiese tomado dos aspirinas y me hubiera quedado en la cama durante dos o tres días para recuperarme del trauma. De modo que cuando tengo ganas de buscarme un atajo, dejar de lado algo importante o arriesgado, o en alguna manera despreciar a mi familia, me acuerdo de las mujeres junto a la cruz. Ellas sirvieron fielmente en medio de una terrible dificultad. ¡Ojalá que tú y yo lleguemos a ser igual de fieles!

Un paso adelante

Con frecuencia la vida hace que nos encontremos con decisiones. Tienes que tomar la decisión entre cómo vas a pensar y cómo vas a actuar. Puedes ir en contra de las Escrituras y reaccionar ante las situaciones con preocupación, ira, tristeza, frustración… O puedes controlar tus pensamientos y centrarlos entre las paredes sólidas como la roca del cañón de Dios.

- La voluntad de Dios *"Mira que te mando…"*.
- La presencia de Dios: *"Jehová tu Dios estará contigo en dondequiera que vayas"*.

Cuando Dios te pide o te manda que hagas algo que parece imposible, como lo hizo con Josué, ¡hazlo! Da el primer paso con valor, no pienses en todas las cosas que pueden suceder, no te preocupes por el camino que tienes por delante. Decide fijar tus pensamientos entre esas dos murallas divinas. Cuando lo hagas, tu vida disfrutará la fuerza del Señor, serás fuerte, poderosa y tendrás el impulso necesario para seguir adelante con valentía, sabiendo que Dios está contigo en todas las situaciones. Como dijo Jesús: "…todas las cosas son posibles para Dios" (Mr. 10:27).

El que teme a Dios no necesita temer a ninguna otra cosa, y el que no teme a Dios necesita temer a todo lo demás.[1]

7

Luchar contra nuestros temores

Mira que te mando que
te esfuerces y seas valiente;
no temas ni desmayes, porque
Jehová tu Dios estará contigo en
dondequiera que vayas.

Josué 1:9

Te has sentido atemorizada por el futuro? ¿Insegura de tus habilidades? ¿Insegura de ti misma? No sé qué pensarás tú, pero yo tengo momentos así prácticamente todos los días. Cuando me enfrento con un día imposible, con nuevos retos, con las muchas oportunidades de fracasar y con personas que no siempre se muestran amigables o dispuestas a apoyarme, pienso que sería mucho más fácil cancelar todas las citas, evitarme el trabajo y decidir quedarme en casa ese día. ¿Para qué intentarlo? Sin embargo, Dios tiene trabajo que debo hacer, ¡trabajo importante! Tiene un plan que por alguna razón y, sorprendentemente, requiere que yo esté presente, de modo que lucho en contra de mis temores y mis dudas —que con tanta frecuencia aparecen en mi camino— y aprovecho la fuerza de Dios.

Josué debió sentirse así cuando el Señor le reveló su propósito y la tarea especial que le iba a asignar. En el primer capítulo de Josué, Dios está hablando de corazón a corazón con su siervo inseguro y temeroso. ¿Cuáles fueron las instrucciones de Dios?

"Josué, hay una tierra que conquistar y una guerra en la que luchar. Tú eres un guerrero, y quiero que tomes mi llamamiento y que dirijas en la batalla".

Es posible que Josué se preguntase: *¿Cómo puedo yo ir adelante con este mandamiento espantoso e imponente? ¿Cómo puedo ni siquiera dar el primer paso?* ¡Dios le dijo cómo! Empezó ordenándole a Josué que pusiera la mirada en su Palabra, que la aprendiera de memoria y que hiciera lo que Dios le dijera (Jos. 1:8). Después de haber escuchado estas órdenes, vino la pregunta del Señor, junto con más mandamientos de: "...levántate y pasa este Jordán... Mira que te mando que... seas valiente; no temas ni desmayes..." (vv. 2 y 9).

Durante nueve versículos, no leemos ningún diálogo o intercambio verbal entre Dios y Josué. No. En todo *Dios*: Dios *hablándole* a Josué, *mandándole* a Josué, *animando* a Josué, *fortaleciendo* a Josué, *instruyendo* a Josué, *haciendo y repitiendo promesas* a Josué. Y cuando Dios habló, Josué escuchó. Pero debió de sentirse asustado porque, en cuatro ocasiones diferentes en este primer capítulo, Dios habló acerca de los temores de Josué y le dio mucho ánimo (vv. 6-7, 9, 18). Sin embargo, el versículo 9 añade dos advertencias negativas y una promesa.

Veamos primero la promesa.

Cuenta con la promesa de Dios

He oído con frecuencia que "la obra divina no carecerá jamás de la provisión de Dios". Eso fue exactamente lo que Dios le ofreció a Josué. Sea cual fuese la tarea, el reto, por imposible que pareciera la misión, o si Josué fuese a tener otra persona con él en todo momento, pasara lo que pasase, esté donde esté, sin importar aquello con lo cual tuviera que enfrentarse, Dios le prometió *su presencia*. Le aseguró que estaría con él durante

> *¡Puedes contar con la fortaleza de Dios!*

toda la campaña para ganar la tierra por medio de la batalla —y aun más allá—. Dios estaría con Josué durante toda su vida.

¡También tú tienes la promesa de Dios de que *Él estará contigo* desde el momento en que aceptes a su Hijo como Señor y Salvador por toda la eternidad! ¡Qué maravilla! Al igual que Josué, puedes ir adelante con valor para llevar a cabo la larga lista de difíciles acciones que tienes que realizar, mientras vives conforme a la voluntad de Dios para ti.

Presta atención a lo que no puedes hacer

Por si acaso Josué se sintiera un tanto atemorizado de ir adelante, Dios le advirtió acerca de dos prohibiciones:

- No temas.
- No desmayes.

No temas. El temor no está reservado solo para los débiles. Josué era un líder por excelencia y además un guerrero con una demostrada experiencia en batalla. Pero a pesar de esto, Dios se pasó un tiempo considerable animándolo para que tuviese valor y advirtiéndole acerca de los riesgos del temor. Dios conocía el futuro y sabía que los humanos tienen tendencia a preocuparse y a dudar, sean quienes sean. De modo que, en caso de que Josué tuviese que enfrentarse con un enemigo "superior" (y tendría que hacerlo sin duda alguna, ¡había gigantes en la tierra!) y por si acaso se sintiera tentado a temer (¿y quién no se sentiría así?), podría volver la vista atrás y recordar este increíble encuentro con Dios y el estímulo y apoyo que Él le ofrecía para que siguiese adelante, —¡hasta terminar!— la comisión divina. De la misma manera, ¡Dios también te ayudará a luchar en contra de tus temores!

Recuerda tu encuentro con Dios. Recuerda aquel momento, aquel día en que conociste a Jesús y le entregaste tu vida para que Él te dirigiese. Cuando Cristo entró en tu vida, prometió permanecer, te dijo que nunca te dejaría ni abandonaría (Heb. 13:5). ¿Le crees? La fe y la confianza en tu Salvador te ayudarán a luchar en contra de tus temores, cualesquiera, ya sean a personas, la falta de algo, una pérdida, una batalla o el futuro. ¡La fe lucha en contra del temor!

Repasa las promesas de Dios. Dios pasó un tiempo recordándole a Josué las promesas que Él le había hecho a Moisés respecto a la invasión de la Tierra Prometida. Dios le dijo a Josué: "Yo os he entregado, como lo había dicho a Moisés, todo lugar que pisare la planta de vuestro pie" (Jos. 1:3). A continuación, el Señor añadió el siguiente recordatorio: "Nadie te podrá hacer frente en todos los días de tu vida; como estuve con Moisés, estaré contigo; no te dejaré, ni te desampararé" (v. 5).

Dios nos ha hecho muy grandes y maravillosas promesas respecto a todas las cosas, desde la salvación hasta la vida eterna, desde el nuevo nacimiento hasta un hogar final en los cielos, desde nuevos principios hasta la madurez espiritual y la gran utilidad en el Cuerpo de Cristo. Dios le prometió a Josué su presencia, y esa promesa sigue siendo válida para nosotros en la actualidad. De hecho, Dios ha prometido en su Palabra no negarnos ninguna buena cosa y darnos todas las cosas buenas (Sal. 84:11; Ro. 8:32). Así que no esperes hasta que te encuentres ante un reto, y tu temor comience a ir en aumento. Lucha en contra del temor *antes* de que comience, repasando regularmente las promesas de Dios y guardándolas en tu corazón.

No desmayes. Te encantarán estas instrucciones negativas. Dios le está diciendo a Josué que no se deprima y que no se sienta desanimado. La depresión, con frecuencia la hermana gemela del temor, es uno de los principales problemas de las personas y por desdicha también suele atacar a los cristianos. Pero ¡nosotros tenemos una opción! Podemos *negarnos* a desmayar, podemos proponernos no deprimirnos. En lugar de ello, podemos tomar las siguientes decisiones:

- *Recuerda a tu Padre.* Eres hija del Dios del universo. Tienes una herencia real, de manera que no hay motivo alguno para que te sientas jamás desanimada, deprimida o para que desmayes. Eres la hija del Rey de reyes.
- *Repasa las promesas de Dios.* Especialmente esta: "... *todas las cosas* que pertenecen a la vida y a la piedad nos han sido dadas..." (2 P. 1:3). ¡Con una promesa como esta, no tienes que temer jamás, ni dudar ni preocuparte!

Fortaleza en medio del temor

Dios dice: *"Sé fuerte"*. ¿En qué piensas cuando oyes o lees la palabra *fuerte*? ¿Qué imagen aparece en tu mente? Por mi mente, pasan escenas de levantadores de peso, luchadores y soldados. También pienso en rocas y piedras de las Montañas de Granito cerca del lugar donde nací, en Oklahoma. Luego imagino el acero. Y, por supuesto, también pienso en la fortaleza interior: algo en el carácter de una persona, quien está pasando por adversidad, quien actúa y se defiende porque es apropiado que lo haga, quien sigue avanzando hacia una meta, sea cual fuese el coste de los obstáculos, que aguanta mientras pasa por tiempos difíciles y soporta duros tratos.

> *El poder, la fuerza y el impulso se desarrollarán cuando empieces a caminar conforme a la voluntad de Dios.*

Cuando Dios le dijo a Josué que "fuera fuerte", fue una orden, algo que Josué debía hacer. Esa fortaleza no es un fruto del Espíritu que se manifiesta cuando caminamos en armonía con Dios (ver Gá. 5:22-23) ni es algo que se produzca de manera automática con la salvación en Cristo. Tampoco tiene nada que ver con la posición del que ha creído en Él. No. Dios le está mandando a Josué que "sea fuerte" para que se fortalezca a sí mismo, para que se anime a sí mismo, para que se endurezca y para que actúe con valor.

Dios le está diciendo a Josué que debe participar en la batalla y conquistar la tierra al otro lado del río Jordán... Sin importar si quiere o no, si le apetece hacerlo o no, si cree que va a ganar o no, si cree poder hacerlo o no. A Josué Dios le dijo básicamente: "¡Limítate a hacerlo!". No debía ser endeble, frágil o estar asustado acerca del mandato. Debía ser fuerte e ir adelante.

Y tú y yo tenemos que hacer lo mismo. Cuando todo en nosotras nos irrita o se niega a hacer lo que tenemos delante, es preciso que nos pongamos de pie, que nos preparemos, que levantemos la vista y que lo hagamos. Tenemos que fortalecernos a nosotras mismas, tenemos que animarnos, endurecernos y actuar con valentía. Tenemos que ponernos *a la altura* del reto, mirarlo a la cara y luego *ir adelante* —meternos en las aguas del Jordán, por así decirlo, antes de que las podamos cruzar del todo y conquistarlas.

Como el río Colorado que erosiona el Gran Cañón, cuando empezamos a avanzar entre las dos enormes murallas de la voluntad de Dios por un lado y su presencia por el otro, descubrimos la fuerza suficiente para la tarea. El poder, la fuerza y el impulso estarán ahí, en el momento en que empecemos a caminar —o a andar de puntillas—, pase lo que pase. Como lo escribió de manera tan elocuentemente F. B. Meyer:

> Cada kilómetro cuadrado [de la Tierra Prometida] debía ser reclamado de la mano del pueblo que la poseía. Debían poner "la planta de los pies" en ella, reclamarla y tomarla. Las ciudades les pertenecían, pero era preciso que entrasen en ellas. Las casas que ellos no habían construido les pertenecían, pero

> era preciso que las habitasen. Los campos de maíz en los ricos valles y los viñedos en las laderas en forma de terraplén les pertenecían, pero era preciso que los poseyesen. [Las bendiciones de Dios] solo nos pertenecen cuando nosotros tomamos posesión de ellas, de ahí la necesidad de "ser fuerte y muy valiente".[2]

¿Qué tienes delante?

¿Te estás enfrentando con un día aparentemente imposible? Estoy escribiendo, y es invierno, y mi hija Katherine vive en Nueva York, donde los inviernos son feroces. Ayer ella comenzó lo que creía que sería un día "normal": dejó a sus dos hijos en la escuela y volvió a casa para un lunes completo. (Aha… ¿qué tiene de raro?). Bajó al sótano donde tenía el cuarto de la lavadora y la secadora para empezar a meter ropa a lavar, tan solo para encontrarse con que se había roto una tubería y el suelo estaba completamente inundado. Preguntándose acerca del duplex de al lado que estaba vacío y que su esposo había prácticamente acabado de remodelar, se fue rápidamente hasta allí, tan solo para descubrir que el sótano también estaba inundado, así como la cocina. Todo por causa de una segunda cañería rota.

Katherine se puso en acción. Llamó a su marido para pedirle consejo, llamó al agente de seguros y empezó sus primeras cinco horas de fregar y juntar el agua, mientras movía los muebles.

Hoy (el segundo día) ha venido el fontanero y ha encontrado una fuga más de agua en el dormitorio principal en la parte de arriba de la casa de Katherine, que había inundado el garaje, donde ella y su marido habían trasladado los muebles. Todo el duro trabajo que había hecho Paul pintando, poniendo baldosines y colocando suelos de madera dura había quedado arruinado en ambos lados de su casa, así como una gran parte de los muebles y de sus posesiones.

¡Me siento tan cristianamente orgullosa de mi hija! En los correos electrónicos que me envió me expresaba su agitación, sus aflicciones, sus retos, los detalles de la catástrofe... Pero también me expresaba su actitud "de una mujer que se arremanga" para ponerse en acción, mientras estaba agradecida a Dios por el hecho de que la inundación no fue peor aún, no fue una horrenda tragedia. Como decían sus hijos pequeños: "Está bien, mamá, solo son cosas".

Katherine se fortaleció a sí misma para la batalla, para afrontar su prueba, su sorprendente Lunes Negro, su casi literalmente río Jordán. No le he preguntado, pero puede que haya habido lágrimas porque, después de todo, era su *hogar*. Pero ella fue fuerte, se enfrentó con el problema como lo hizo Josué. Katherine siguió las instrucciones de Dios de *ser fuerte* al enfrentarse con los gigantes, y con las gigantescas y penosas situaciones. Se sometió a la voluntad de Dios de afrontar días enteros para luchar contra el desastre.

Enfrentarte con tus gigantes

Tal vez la situación de mi hija Kath pueda parecer un tanto trivial y "diaria" en comparación con algo con lo que te estás enfrentando hoy. Pero cada problema —¡cada gigante!— y toda dificultad debemos afrontarlos de la misma manera y con la misma decisión, fortaleza y gracia que solo proceden de Dios. Aquello con lo que cada una de nosotras nos enfrentamos es la voluntad de Dios para nosotras en este momento y en este día. Tenemos nuestros propios retos personales. Nuestros Jordanes. Y debemos levantarnos, pasarlos y llegar al otro lado.

Tal vez te estés enfrentando con una situación de vida o muerte que te atemoriza a ti o a un ser amado. Conozco ese guión, por así decirlo, mejor de lo que me gustaría, porque tengo una hija a la que, hace poco, le tuvieron que quitar un tumor maligno de los pulmones. Tuvo que enfrentarse con los terrores que implica tener cáncer. Tengo una cuñada que lucha con la quimioterapia para su cáncer recién diagnosticado. Tenía un hermano que murió recientemente de cáncer después de haber soportado con valor muchos tratamientos. Y ya he perdido a otra cuñada por culpa de esta enfermedad.

La lista de retos temibles y deprimentes que podemos encontrar es interminable y va más allá de la ruina de la propiedad, las catástrofes y el cáncer. Susana Wesley (madre de Juan y de Carlos Wesley) tuvo diecinueve hijos, diez de los cuales murieron antes de cumplir los dos años, y cinco que murieron en espacio de cuatro años, y una de sus hijas nació inválida.

Fanny Crosby, uno de los jilgueros de Dios y escritora de más de ocho mil himnos, se despertó todos los días de su vida de noventa y cinco años ciega. Los misioneros cristianos John y Betty Stam se despertaron una mañana y tuvieron que recorrer el camino del martirio para ser decapitados. Dale Evans Rogers se despertó todos los días sabiendo que la enfermedad de su hija pequeña le produciría la muerte antes de la edad de diez años. Catherine Marshall se sentó junto a su nieta, con su cuerpo lleno de tubos, durante las seis semanas que vivió; y con enorme sufrimiento y oración, pudo acabar cada día.

¡La victoria es tuya!

Pero tu vida no es acerca de los fracasos. ¡Josué 1:9 habla de la victoria! Es acerca de enfrentarte con tus temores y con tus gigantes, confiar en Dios, cruzar tus ríos y conquistar lo desconocido sin desanimarte ni desmayar. Eso fue lo que hizo Josué porque eso fue lo que Dios le mandó hacer.

¿Y cómo se obtiene la victoria? ¿Y qué es lo que nos da la habilidad para pensar como es debido y tomar buenas decisiones cuando nos encontramos bajo presión? ¿Cómo nos las arreglamos para mantener la mente despejada y resistir a la tentación de dejarnos llevar por el dolor o la depresión? ¿Y de dónde se supone que hemos de sacar las energías y el valor necesario para poder, al menos, respirar profundo y dar el primer paso en la voluntad de Dios y en nuestro actual reto?

El poder, la valentía y la victoria se convierten en realidad cuando tú y yo seguimos adelante por la fe entre las dos murallas erigidas por Dios, tal como leemos en Josué 1:9. Podrás seguir a Dios con todo tu corazón, enfrentarte con tus temores y exigencias, y luchar a fin de obtener la victoria, cuando cuentes con:

- La voluntad de Dios *"Mira que te mando..."*.
- La presencia de Dios: *"Jehová tu Dios estará contigo en dondequiera que vayas"*.

¡Dios da las órdenes y Dios va con nosotras! Nos revela su plan, camina con nosotras y nos fortalece cuando hacemos su voluntad. ¿Y nuestra parte? "Mira que te mando que te esfuerces y seas valiente; no temas ni desmayes, porque Jehová tu Dios estará contigo en dondequiera que vayas" (Jos. 1:9). "...levántate y pasa este Jordán..." (v. 2). Estas instrucciones y verdades nos dan fuerzas: la fuerza para seguir adelante, la fuerza para seguir avanzando, y la fuerza para triunfar pase lo que pase y poner en práctica el plan de Dios.

Un paso adelante

¿Es tu valentía un tanto insignificante estos días? ¿Te sientes abrumada o como si hubieras llegado al límite de lo que puedes soportar, por causa de situaciones difíciles y las demandas de tus responsabilidades? ¿Te sientes derrotada por tus temores? Ármate de valor y lucha en contra de tus temores recordando estos conceptos fundamentales:

- *La oración echa fuera todo temor y toda duda.* La Biblia dice que no debes ser indecisa, porque la mujer que duda es inestable en todos sus caminos (Stg. 1:6-8), de modo que, según el versículo 5, ¡debes orar! Existe una fuerza fenomenal e inexplicable en conocer la voluntad de Dios. Te da la valentía que necesitas para seguirlo a Él con poder y con valor. Busca en la Biblia la dirección de Dios y pídesela por medio de la oración. Una vez que la encuentres, sigue adelante sin dudas ni temores, y sin desear tampoco que tu vida sea diferente. ¡Limítate a hacer la voluntad de Dios!

- *Concentrarte en la meta disminuye tu temor.* Como cristiana sabes que pasarás la eternidad con Dios. Por lo tanto, sentirás menos temor al seguir a Dios cuando fijes tu vista en ese punto: la meta de los cielos. Habrá menos incertidumbre y menos dudas cuando mantengas viva y fresca en tu mente la promesa de la vida eterna con Jesús. Pase lo que pase en el camino, si haces la voluntad de Dios y cumples con su plan, sabrás que podrás experimentar la plenitud del gozo y de los placeres para siempre (Sal. 16:11).
- *El impulso hacia delante obliga al temor a echarse a un lado.* Seguir adelante empuja a un lado el temor. De la misma manera que sucede con una bola de nieve que rueda colina abajo, irás ganando velocidad, masa e impulso al dar ese paso hacia delante y hacer lo que Dios te pide. No tardarás en darte cuenta de que tus temores han quedado atrás.

Cuando ores, céntrate en tu futuro y avanza con valor. Estarás siguiendo con firmeza a Dios con todo tu corazón (Sal. 63:8).

No temas, porque yo estoy contigo;
no desmayes, porque yo soy tu Dios
que te esfuerzo; siempre te ayudaré,
siempre te sustentaré con la diestra de mi justicia.

Isaías 41:10

8

Contar con la presencia de Dios

Mira que te mando que
te esfuerces y seas valiente;
no temas ni desmayes, porque
Jehová tu Dios estará contigo en
dondequiera que vayas.

Josué 1:9

A mí me encanta vivir en una región de bosques apenas poblada de la parte oeste del estado de Washington. Jim y yo nos encontramos a casi diez kilómetros de la señal de *Stop* más cercana (y la única) en el pueblo. La mayoría del pequeño grupo de nuestros vecinos están resguardados por enormes cedros, abetos y pinos. Durante la noche, el único sonido que se escucha es el "silencio". De hecho, y puede que te resulte difícil creerlo, el silencio es tan impresionante que nos cuesta trabajo dormir sin una máquina de sonido. Sí, este lugar tranquilo de la tierra de Dios es maravilloso para una escritora. Disfruto la soledad... Siempre y cuando tenga a mi Jim a mi lado. Ahora que lo pienso, posiblemente ¡no sea una persona tan solitaria después de todo!

Pocas personas en este mundo disfrutan estar solas, al menos durante prolongados periodos de tiempo. Y eso es bíblico. Dios nos creó para que fuésemos seres sociales. Desde el principio de los tiempos, Él ya sabía que los seres humanos necesitarían compañerismo. "Luego Dios el Señor dijo: «No es bueno que el hombre esté solo. Voy a hacerle una ayuda adecuada»" (Gn. 2:18, NVI). Dios creó a Eva para Adán, para que fuese su compañera, y los dos se convirtieron en la primera pareja casada. Si no estás casada, Dios te ha dado amigas y familia para que tengas compañerismo. Además tienes a tu familia de la iglesia que estará junto a ti en los buenos y en los malos tiempos.

El compañerismo está disponible. Sin embargo, cuando Dios dijo que no era bueno que el hombre estuviera solo, podría haberse referido también al aspecto espiritual del compañerismo.

El Dios que está ahí

Dos de los libros favoritos que Jim y yo disfrutamos han sido: *El Dios que está aquí* y *Él está ahí y no está callado* escritos por el finado Francis Schaeffer. Estos libros son la guía para el laico sobre Dios y cómo podemos conocerlo. Uno de los temas más destacados es la omnipresencia de Dios, lo cual significa que está en todas partes y siempre. Él es el Creador y el sustentador del universo. La Biblia entera está llena de cientos de versículos que hablan sobre la presencia de Dios. El salmista hace una pregunta retórica: "¿A dónde me iré de tu Espíritu? ¿Y a dónde huiré de tu presencia?". A continuación se pasa los próximos cinco versículos afirmando la breve respuesta: *A ninguna parte*. Aunque se trate de los lugares más recónditos de la Tierra, las profundidades del mar o la más oscura de las noches, Dios está presente (Sal. 139:7-12).

El Dios que no está callado

Para Josué la promesa de Dios de su presencia fue una gran noticia. El guerrero se disponía a participar en la más grande de las batallas de su vida. Humanamente hablando, lo tenía todo en su contra. Su mal entrenado ejército estaba formado por los hijos de los que habían sido anteriormente esclavos, sin punto de comparación con las ciudades fortificadas y los ejércitos entrenados de Canaán. A menos que Dios estuviese con él, Josué sabía que no había la más mínima esperanza. De modo que cuando oyó a Dios decir: "...Jehová tu Dios estará contigo en dondequiera que vayas" (Jos. 1:9), imaginarás que la confianza de Josué fue en aumento.

¿Qué aspecto tuvo la presencia de Dios y qué fue lo que experimentó Josué al llevar a cabo las órdenes de cruzar el Jordán y conquistar la tierra? ¡Compruébalo!

- ✓ Dios afirmó su poder a Rahab, una ramera que vivía en Jericó, que arriesgó su vida para proteger a los dos espías de Josué y los envió de regreso junto a él una vez que espiaron Jericó.
- ✓ Dios separó de manera milagrosa el río Jordán, que había llegado a un nivel de inundaciones, para que el ejército de Josué pudiese pasar sobre tierra seca (Jos. 3:14-17).
- ✓ Dios una vez más, de manera milagrosa, hizo que se derrumbasen las murallas de la gran ciudad fortificada de Jericó solamente con el sonido de las trompetas y los gritos de los hombres de Josué después de siete días, durante los cuales el ejército sencillamente caminó alrededor de la ciudad (Jos. 6).
- ✓ Haciendo otro milagro más, Dios hizo caer un enorme granizo durante una batalla, que mató a más enemigos que los que murieron en la batalla (Jos. 10:11).
- ✓ En un segundo milagro durante la misma batalla con el granizo, Dios hizo que el sol se detuviese para proteger a Josué de los amorreos, de manera que su ejército pudiese derrotar al enemigo (Jos. 10:12-14).
- ✓ Dios entregó en manos de Josué a la coalición de los reyes del norte de Canaán. Así dividió la tierra por la mitad e hizo que la conquista resultase más fácil (Jos. 11:6-8).

Para Josué, la presencia de Dios resultó poderosamente visible por su participación tan activa en la vida del guerrero y en las misiones. Dios estuvo presente, ¡y no cabe duda de que no estaba callado! El resultado de la presencia de Dios para Josué fue el éxito. "Tomó, pues, Josué toda la tierra, conforme a todo lo que Jehová había dicho a Moisés..." (Jos. 11:23).

¿Cuál es la pregunta que nos hacemos hoy? ¿Es este el mismo Dios que actúa hoy en nuestras vidas?

¿Qué hay de la presencia de Dios en tu vida?

Al leer esto, tal vez pienses: *Pero eso está en el Antiguo Testamento y eso fue para Josué. Esa fue una situación especial en la vida de una persona muy especial. Dios no obra de esa manera hoy.* Es verdad que Dios no está reteniendo las aguas de un río, ni haciendo que caiga un enorme granizo sobre sus enemigos ni derrumbando los muros de una ciudad fortificada, pero ¡eso no significa que no puede hacerlo! Y eso no significa que no se encuentre presente ni sea activo en tu vida. De hecho, ¡aquí es donde la verdad bíblica es realmente emocionante!

La presencia de Dios no está limitada. Para muchas personas y hasta tal vez para ti, la presencia de Dios es algo que da la sensación de estar limitada a un edificio o, al menos, particularmente presente en él. Presentamos a Dios con reverencia y lo simbolizamos por medio de preciosas escenas en grandes cristaleras, velas encendidas y música de órgano para la adoración. Todos apreciamos estos estímulos sensoriales para la adoración porque es verdad que contribuyen al *sentido* de la presencia de Dios. Pero ¿está Dios limitado a un edificio? Esa fue la misma pregunta que le hizo a Jesús la mujer que estaba junto al pozo hace más de dos mil años. Escucha atentamente esta increíble conversación entre un corazón que buscaba y el Señor Jesucristo, Dios en la carne:

> Nuestros padres adoraron en este monte, y vosotros decís que en Jerusalén es el lugar donde se debe adorar.

> Jesús le dijo: Mujer, créeme, que la hora viene cuando ni en este monte ni en Jerusalén adoraréis al Padre... Mas la hora viene, y ahora es, cuando los verdaderos adoradores adorarán al Padre en espíritu y en verdad; porque también el Padre tales adoradores busca que lo adoren. Dios es Espíritu; y los que le adoran, en espíritu y en verdad es necesario que adoren." (Jn. 4:20-21, 23-24).

"Dios es Espíritu", de manera que no tiene límites. Se lo puede adorar, y podemos comunicarnos con Él en cualquier parte y en cualquier momento. ¡Qué realidad tan maravillosa! ¡El Dios del universo está contigo *en este preciso momento*, dondequiera que te encuentres! Él está personalmente interesado en cualquiera y en cada uno de tus más profundos dolores y sufrimientos, en tus más grandes oportunidades y en las decisiones que debas tomar. ¡Puedes estar segura de ello!

La presencia de Dios es espiritual. La presencia de Dios en la vida de Josué fue muy evidente porque le habló y realizó milagro tras milagro. Sin embargo, además Dios le concedió a Josué "el espíritu de sabiduría" (Dt. 34:9). El espíritu de Dios vino *sobre* Josué, pero no residió *en* Josué. Esa es la principal diferencia entre Josué y los creyentes de hoy día.

> *¡Qué asombroso milagro! ¡La presencia perdurable de Dios en tu vida, durante toda tu vida!*

Jesús dijo: "Y yo rogaré al Padre, y os dará otro Consolador, para que esté con vosotros para siempre: el Espíritu de verdad..." (Jn. 14:16-17). A aquellos que conocen y aman a Jesús les es dado el Espíritu Santo para que esté *con* ellos y *en* ellos durante todo el tiempo que permanezcan físicamente vivos. De manera que para ti como cristiana, la presencia de Dios tiene un significado incluso más profundo. ¡Qué asombroso milagro! ¡La presencia perdurable de Dios *en* tu vida, durante toda tu vida!

La presencia de Dios es real. ¿Cómo podemos explicar la presencia de Dios? Podemos ver su obra maestra en la creación: "Porque las cosas invisibles de él, su eterno poder y deidad, se hacen claramente visibles desde la creación del mundo, siendo entendidas por medio de las cosas hechas..." (Ro. 1:20; ver también Sal. 19:1). No puedes ver al Espíritu de Dios, pero sí tienes la palabra de Jesús de que Él está presente, algo que es preciso creer por fe. Además tienes la manifestación de su presencia en tu vida, el fruto del Espíritu: amor, gozo, paz, paciencia, benignidad, bondad, fe, mansedumbre y templanza (ver Gá. 5:22-23). Permíteme que lo explique por medio de dos situaciones diferentes en mi vida.

> En una extraordinaria ocasión, estaba viajando sola. Mi vuelo tuvo que ser desviado por causa de una tempestad de nieve. ¡Afuera hacía un tiempo horrible! Fue una de esas situaciones en que nos vimos obligados a pasarnos toda una noche en un aeropuerto, y yo no tenía manera de ponerme en contacto con Jim para informarle lo que estaba pasando o lo que aún podía suceder. Estaba deprimida por encontrarme completamente sola, hasta que recordé que en realidad no estaba sola. Así que oré: "Dios mío, ni uno solo de mis seres amados en el mundo entero sabe dónde me encuentro, pero ¡*tú* sí lo sabes!". La promesa de la presencia de Dios me tranquilizó, y me di cuenta de que no me encontraba perdida en el espacio. Entonces sentí una extraordinaria sensación de paz por saber que Dios estaba conmigo. Sentí su paz cuando me acordé de la verdad de su presencia.

> La otra ocasión fue cuando me tuvieron que hacer una operación de gran complejidad. Cuando el personal me llevó en la camilla, y Jim se quedó atrás en la sala de espera, me encontré acostada impotente, pero serena. Oré: "Sí, Señor, aunque es posible que esté pasando por el valle de sombra de muerte (no tenía ni idea de lo que descubriría el cirujano); sí, aunque puede que me encuentre en un terreno desconocido y sí, aunque me vayan a dormir con anestesia, ¡tú estás conmigo!". ¿Y sabes una cosa? Dios estuvo... ¡Y sigue estando! Nosotras no tenemos que pedir nunca su presencia, solo tenemos que recordar el hecho y la realidad de ella.

A pesar de lo que algunas personas puedan decir acerca de Dios, tú y yo podemos saber una cosa con toda seguridad y es la misma cosa que Josué y los santos a lo largo de los siglos han sabido: Dios está con nosotras dondequiera que vayamos, ¡para siempre! Y eso nos da valor día tras día.

La presencia de Dios es algo bueno. La presencia de Dios fue algo bueno para Josué y debiera ser considerada como algo muy bueno por los cristianos hoy. Pero lamentablemente, muchos creyentes no se sienten tan emocionados al saber que Dios está en todas partes todo el tiempo. ¿Por qué? La respuesta se encuentra en una sola palabra: *pecado.* Al igual que Adán y Eva se ocultaron de la presencia del Señor después de haberle desobedecido (Gn. 3:8), nuestro pecado altera nuestra relación con Dios. Cuando vivimos en pecado y nos aferramos a él, normalmente buscamos maneras de ocultarlo de Dios. *También* nos escondemos nosotros mismos o pretendemos que Él no está ahí.

Piensa conmigo por un minuto. ¿Recuerdas alguna vez cuando Dios no estuvo en tu vida antes de que fueras su hija? ¿Recuerdas lo espantoso que fue ese tiempo? ¿Te acuerdas de lo horrorosa y sin esperanza que parecía ser la vida? Yo sí me acuerdo. Por eso, no quiero que mi relación íntima con Dios se vea puesta en peligro de ninguna manera. ¡Y estoy segura de que tú tampoco lo quieres!

Sentir la confianza de la presencia de Dios es maravilloso. Cuando sientas que tu relación con Dios se está volviendo un poco distante, haz todo cuanto puedas para salvar esa distancia. Examina tu corazón, confiesa cualquier y todos los pecados a Dios (1 Jn. 1:9) y después podrás sentir de nuevo el gozo de la plena comunión con Él. Sobre este tema, escribió David después de su sincera confesión acerca de su pecado de adulterio con Betsabé: "Bienaventurado aquel cuya trasgresión ha sido perdonada, y cubierto su pecado… Dije: Confesaré mis rebeliones a Jehová; y tú perdonaste la maldad de mi pecado" (Sal. 32:1, 5).

La presencia de Dios es un consuelo. Estoy segura de que te das cuenta de que estás viviendo en un mundo hostil. El dolor y el sufrimiento son los hechos de la vida y, tal vez, al igual que yo, te gustaría evitar cuanto sea posible ese dolor, aflicción, sufrimiento y dificultad. Sin embargo, ante ello ¡Dios acude en tu ayuda!

> "Claman los justos, y Jehová oye y los libra de todas sus angustias. Cercano está Jehová a los quebrantados de corazón; y salva a los contritos de espíritu. Muchas son las aflicciones del justo, pero de todas ellas le librará Jehová" (Sal. 34:17-19).

La presencia de Dios nos concede poder. Este maravilloso hecho hace que regresemos y sigamos a Dios con todo nuestro corazón. Su presencia le concedió poder a Josué. Saber que estaba con él le permitió al guerrero realizar grandes y poderosas hazañas. Y no es diferente en tu caso. Con Dios puedes hacer y soportar todas las cosas por medio de Cristo que te fortalece (ver Fil. 4:13).

Además tienes la gracia de Dios siempre presente, que es

suficiente para cualquier cosa con la que tengas que enfrentarte, por muy grande o muy mala que sea. Como le dijo Jesús a Pablo acerca de su sufrimiento: "...Bástate mi gracia..." (2 Co. 12:9).

El Espíritu Santo te infunde su poder, dándote sabiduría, paciencia, fidelidad. ¡No debemos temer servir a otros y dedicarnos al ministerio! (Y créeme, a veces asusta salir por ahí). No, el Espíritu Santo te concede "dones espirituales" para usar en el ministerio y servir al Cuerpo de Cristo (1 Co. 12:1-11).

Al concluir este capítulo sobre el hecho de que Dios nos promete su presencia, es mi esperanza que este conocimiento sea y permanezca para siempre como una fuente de fortaleza y de estímulo para ti. He aquí un pensamiento más para guardar: a veces Dios decide librarte de tus problemas, pero en otras ocasiones, te dará la fortaleza necesaria para soportarlos. Sea cual fuese el caso, puedes estar segura de que su presencia consoladora estará contigo, y Él te ayudará a hacer todas las cosas.

> *Cuando aparezcan las dificultades, no te desanimes. En lugar de ello, dale gracias a Dios por su presencia y, junto con Él, sigue adelante en victoria.*

Cuando aparezcan las dificultades (y te aseguro que aparecerán), no te enojes ni te desanimes. En lugar de ello, dale gracias a Dios por su presencia, y junto con Él, sigue adelante en victoria. ¡Conseguirás la victoria cuando Dios esté junto a ti!

Un paso adelante

¿Has pensado lo suficiente en la constante y perdurable presencia de Dios en *tu* hogar, *tu* casa, *tus* dificultades y *tus* oportunidades? El Dios del universo está contigo, aunque reconozcas o no su presencia. Así que, ¿por qué no empezar a practicar activamente la presencia de Dios? Prepárate para que se produzca una enorme diferencia en tu vida y en tu fe si lo haces. ¿Cómo puedes comenzar a avanzar siendo mucho más consciente de Él?

Reconoce la presencia de Dios en tu vida. Cada vez que realices una actividad, reconoce la presencia de Dios verbalmente o por medio de una oración silenciosa. Cuando te levantes por la mañana, dale gracias a Dios por tu vida, por otro día para servirle, para vivir para Él y caminar con Él pase lo que pase. Él está contigo cuando te encuentras con sorpresas, catástrofes y las interminables rutinas diarias, que a veces dan la impresión de durar demasiado sin hacer ninguna diferencia. Cuando entres en tu auto, en un autobús, en un taxi, en un barco o en un avión, detente para afirmar la presencia de Dios y permitir que te reconforte mientras viajas. Cuando ores antes de las comidas, haz una pausa un poco más larga y deléitate en su provisión *y* en su presencia. Cuanto más consciente seas de su presencia, tu relación con Él tendrá un mayor significado.

Cuenta con su presencia, mientras realizas tus tareas diarias, sea cual fuese la actividad que debas realizar. Cuanto más difíciles sean tus trabajos o más angustia te produzcan tus retos, no olvides contar con la omnipresencia de tu Padre celestial. Él está junto a ti, listo y dispuesto a consolarte, animarte, fortalecerte y suplirte su divina sabiduría, su gracia y su poder.

Reconoce ante otros la presencia de Dios. Honras a Dios y le das gloria cuando das a conocer su presencia ante otras personas. Tu conciencia y dependencia de Él no son algo de lo que avergonzarse o mantener oculto. Si conocieras a una persona famosa o a una importante personalidad, te sentirías orgullosa de tu amistad con ella y querrías que todo el mundo se enterase de ello. Bien, ¿quién es superior que Dios? ¡Y Él está siempre contigo! Al reconocerlo verbalmente ante otros, empezando por tu familia, estarás anunciando a todo el mundo a tu alrededor que tienes una relación personal con Dios. Les dirás que también ellos pueden tenerla. Como exclamó el salmista: "Díganlo los redimidos de Jehová…" (Sal. 107:2).

Sección 3

Cómo ser una mujer excepcional

Y no vivan ya como vive todo el mundo.
Al contrario, cambien de manera
de ser y de pensar.
Así podrán saber qué es lo que Dios quiere,
es decir, todo lo que es bueno,
agradable y perfecto.

ROMANOS 12:2 (BLS)

9

Vivir por encima de la norma

No os conforméis a este siglo, sino transformaos por medio de la renovación de vuestro entendimiento, para que comprobéis cuál es la buena voluntad de Dios, agradable y perfecta.

ROMANOS 12:2

Mi conferencia cerca del Gran Cañón ha terminado. ¡Hemos pasado un tiempo maravilloso! Después, de camino al aeropuerto de Phoenix, la mujer que nos llevó a Jim y a mí en su auto nos contó acerca de un puñado de mujeres que habían asistido al retiro varios años antes y que pasaron por alto un desvío de vital importancia de camino a casa. Era una división donde la salida a la izquierda iba en dirección a Phoenix, Arizona y la de la derecha iba hacia Los Angeles, California. Estas queridas mujeres lo pasaban tan bien hablando sobre el tiempo que habían compartido en el retiro ¡que acabaron en California! ¡Imagínate el chasco que se llevaron cuando leyeron un letrero que decía: "Bienvenidos a California" al llegar a la frontera!

¿Y qué puedes decir tú? ¿Te has saltado algunos desvíos, algunas bifurcaciones en la carretera?… O ¿en la vida?

La bifurcación en la carretera

Hay un punto en cualquier y en la mayoría de los viajes en el que no queda más remedio que tomar una decisión: "¿Por dónde voy?". Es de esperar que tomes la decisión antes de que pierdas la oportunidad de ir en la dirección en la que necesitas o deseas ir. No hay nada peor que tener que desviarse de la carretera, descubrir cómo retroceder, dar la vuelta y volver a la autopista para, otra vez en el camino, elegir el tramo correcto.

Lo mismo se aplica a tu vida como creyente. Para una cristiana, la prioridad es: ¿Cómo puedo conocer la voluntad de Dios? ¿Cómo puedo estar en su voluntad? ¿Qué opciones me mantendrán en el camino de la voluntad de Dios? Es esencial hacer estas preguntas y darles respuesta si tú, y yo también, deseamos seguir a Dios con todo nuestro corazón. El deseo de seguirlo y vivir conforme a su voluntad te aleja de una vida común y te lleva a vivir una vida extraordinaria.

¡Tengo buenas noticias! Dios te da su fórmula para encontrar, seguir y vivir conforme a su voluntad. Se encuentra en Romanos 12:1-2. Para tener un concepto más claro de estos dos versículos (especialmente el 2) considera que en Romanos 1—11, el apóstol Pablo ha introducido lo que se conoce como "el Evangelio según Pablo". Escribe extensamente acerca del fundamento doctrinal del cristianismo. Luego, en el capítulo 12, pasa a los temas e intereses prácticos de la vida diaria. Primero apela a nosotros en el versículo 1:

> "Así que, hermanos, os ruego por las misericordias de Dios, que presentéis vuestros cuerpos en sacrificio vivo, santo, agradable a Dios, que es vuestro culto racional".

Se nos exhorta a ofrecer nuestros *cuerpos* a Dios, para que sean apartados y para que los dediquemos al servicio a Dios viviendo de manera justa (ver además 1 Co. 6:13). Esa es la clave para seguir a Dios y para serle útil. A continuación, en el versículo 2, Pablo nos pide que ofrezcamos nuestras *mentes* a Dios:

"No os conforméis a este siglo, sino transformaos por medio de la renovación de vuestro entendimiento, para que comprobéis cuál es la buena voluntad de Dios, agradable y perfecta".

Mantente alerta

Una vez que tú y yo ofrecemos completamente a Dios nuestros cuerpos y nuestras mentes, se produce un cambio dramático en nuestra relación con el mundo. El cristianismo es un llamamiento a *apartarnos* de la mundanalidad. Cristo libera a los creyentes *del* presente siglo malo (ver Gá. 1:4). Si estamos en Cristo, la Biblia dice que debemos comportarnos como hijos obedientes, sin conformarnos a los deseos quc antes teníamos cuando estábamos en ignorancia (ver 1 P. 1:14).

Cada día, puede que hasta cada minuto, te sientas tentada y presionada a conformarte a este mundo, a vivir como si no fueses creyente. Pero no cedas a las presiones de la vida mundana. En lugar de ello, "...ceñid los lomos de vuestro entendimiento, sed sobrios, y esperad por completo en la gracia que se os traerá cuando Jesucristo sea manifestado" (v. 13). Vive *para* Dios y vive a su manera.

Una mujer excepcional —¡tú!— sigue las enseñanzas en los versículos 1 y 2 del capítulo 12 de Romanos. Entrega a Dios tu cuerpo, tu alma, tu mente y tu corazón para su uso y su servicio. Y mantente alerta por si aparece alguna desviación en el camino de la vida, de modo que puedas considerar tus decisiones en oración. Al ir entendiendo cada vez más lo extraordinaria que eres, te deleitarás en rechazar el comportamiento mundano y dedicarás minutos, horas y días enteros de tu vida a tomar decisiones sabias respecto a tu comportamiento y tus opciones.

¿Ordinaria o extraordinaria?

Nadie quiere ser corriente ni llevar una vida aburrida y monótona. Después de todo, tienes el poder de Cristo en ti y un emocionante propósito para tu vida y para cada día que vivas. Sí, ya lo sé, lo que deseas es orden y paz, y has sido instruida para buscar las maneras de llevar una vida tranquila y pacífica (1 Ti. 2:2; 1 Ts. 4:11). Pero ¡eso no significa aburrimiento! La falta de actividad no es como hace Dios las cosas.

Romanos 12:2 nos enseña lo que quiere decir extraordinario: es negarse a pensar y comportarse como lo hace el mundo. Cuando hacemos eso, cuando razonamos y actuamos de manera diferente, nos destacamos de todo lo que es corriente. Fijando firmemente nuestras mentes en las actitudes y en las verdades consistentes con la nueva vida en Cristo, trascendemos lo que es el término medio. De hecho, no hay nada que sea un término medio en nosotras ni mucho menos, ¡porque somos extraordinarias!

> *¡Vivir tu vida basada en las verdades de la Biblia te convierte en una mujer única!*

Pensar y vivir basándonos en las verdades de la Biblia creará una mujer única —¡tú otra vez!— que sobresaldrá por encima de la norma. Cuando piensas en la Palabra, tu mente se transforma, y descubres la voluntad de Dios, su "buena, agradable y perfecta voluntad". Podrás *discernir* la voluntad de Dios, *hacer* su voluntad y *vivir* conforme a su voluntad. Además ¡tendrás el beneficio adicional de experimentar y vivir lo que es bueno, lo que lo complace y lo que es perfecto a sus ojos para ti! Esto, mi querida amiga, te aparta de todo lo que es ordinario.

Tú eres excepcional. ¡Piensa en ello! Cristo vive ti, lo cual debiera hacer —¡y de hecho hace!—, una enorme diferencia en tu vida. ¡Eso te coloca a muchos años luz por encima del mundo entero! Cuando te presentaste ante Cristo —cuando creíste en Él—, fuiste interiormente transformada. Sin embargo, ahora haces esa transformación real para ti y para otros permitiendo que se vea exteriormente. Eso es algo que logras cuando te niegas a vivir según las costumbres de este mundo.

¿Te has fijado en las palabras "no os conforméis" de Romanos 12:2? Este es un mandamiento de Dios, no es una sugerencia y no es tan solo un buen consejo o un aviso. Tampoco es un extracto de una columna de consejos de un diario. No, es *Dios* hablando. Y te dice:

- No vivas con el estilo del mundo.
- No vivas de manera que puedas actuar igual que el mundo.
- No vivas según las modas o las costumbres del mundo.
- No imites cómo viven las personas del mundo.

Si estás haciendo alguna de estas cosas, se te pide que dejes de hacerlo de inmediato y, en lugar de ello, renueves y refresques tu manera de pensar. Un erudito traduce esta parte de Romanos 12:2 de la siguiente manera: "No moldeen vuestras vidas de modo que puedan encajar con las modas pasajeras de este mundo". Otro añade una palabra de descripción adicional: "este mundo *malvado*".

Ahora quiero preguntarte: ¿por qué una mujer que tiene en su corazón y en su alma a un Dios puro y santo iba a desear amoldarse a "este mundo malvado"? "Adaptarse o actuar conforme a" significa meter en un molde, permitir que algo dé forma a su aspecto. Esto me hace pensar en la masa del pan. Estoy segura de que conoces el proceso mediante el cual se hace el pan. Para empezar se mezcla una hornada de masa, a continuación se mete en el molde que le dará la forma que quieres que tenga. ¡Tú decides! Puedes darle forma a la masa para convertirla en pequeños panecillos en forma de tréboles para la comida, o en palillos de pan o en una barra.

Cuando se trata de las personas como tú y yo, no debemos permitir que el mundo nos moldee y forme como si fuésemos la masa del pan, presionando y dándonos forma como un molde.

En una ocasión, vi una entrevista con el Dr. W. A. Criswell, que en aquel entonces era el pastor de la Primera Iglesia Bautista de Dallas, Texas. La entrevista tenía que ver con su libro *Standing on the Promises* [Apoyarse en las promesas]. Este gigante cristiano casi se echó a llorar mientras hablaba acerca de lo triste que se sentía viendo que las personas ya no eran capaces de distinguir entre un cristiano y uno que no lo es. Estaba a punto de echarse a llorar porque los cristianos se han amoldado al mundo. Es más, estaba convencido de que hemos metido al mundo en la iglesia. Mencionó en varias ocasiones que pensaba que las iglesias debían dejar de entretener a sus miembros y, en lugar de ello, llamarlos a la santidad. Ahí estaba un hombre santo, haciéndose eco del llamamiento de Dios a los creyentes para que transformen y renueven su manera de pensar, para que se planteen de modo diferente sus normas, principios, prioridades y objetivos. Esto transformaría su manera de vivir.

Dios pasa lista a las mujeres excepcionales

Una de mis pasiones ha sido el estudio de las mujeres de la Biblia. Dios ha conservado en su Palabra sus asombrosas historias, las pruebas por las que pasaron y sus triunfos, sus sufrimientos y sus alegrías, sus debilidades y sus fortalezas junto con sus contribuciones para ti y para mí. A mi me sirven de inspiración, de instrucción y de estímulo diariamente. Cuando me enfrento con una situación tras otra, siempre pienso en una de esas mujeres en las Escrituras, que se tuvieron que enfrentar con algo por el estilo, y saco algún principio de su vida que me sirve de guía. Su experiencia y sabiduría me ayudan a tomar las decisiones correctas —las decisiones piadosas— en cada oportunidad, al llegar a cada bifurcación vital del camino. Cuando fracaso en mi empresa, esa mujer hace que recupere la esperanza. Cuando mi visión se vuelve tenue, ella la restaura. Cuando comienzo a darme por vencida, ella me fortalece por medio de su gran fe en Dios y por tener un corazón que lo siguió a Él sin desmayar.

Aquí hay varias de esas magníficas mujeres de las Escrituras, a las que se describe como excepcionales. Ellas no permitieron que el mundo las obligase a amoldarse a sus normas.

- Respecto a Rut, Booz dijo: "...toda la gente de mi pueblo sabe que eres mujer virtuosa" (Rt. 3:11).
- En lo que se refiere a la mujer ideal según Dios, se presenta a la mujer de Proverbios 31 como "la esposa virtuosa" que es alabada como la que excede a todas las demás (Pr. 31:10 y 29).
- Respecto a María, la madre de Jesús, el ángel de Dios la saludó diciendo: "...¡Salve, muy favorecida! El Señor es contigo; bendita tú entre las mujeres" (Lc. 1:28).
- Respecto a Elisabet, se la describe como justa delante de Dios, que andaba irreprensible en todos los mandamientos y ordenanzas del Señor (ver Lc. 1:6), a pesar del hecho de que su vida no era perfecta. Era estéril, no tenía hijos y ya había pasado la edad de tenerlos.
- Respecto a Sara, una de las tres mujeres mencionadas en el álbum fotográfico de Dios de los extraordinarios gigantes de la fe en Hebreos 11, Dios ha dejado constancia: "Por la fe también la misma Sara, siendo estéril, recibió fuerza para concebir; y dio a luz aun fuera del tiempo de la edad, porque creyó que era fiel quien lo había prometido" (v. 11).

Sorprendentemente, tú y yo tenemos todo lo que necesitamos para ser tan extraordinarias como estas mujeres de la Biblia. Con la ayuda de Dios, podemos evitar conformarnos a este mundo y seguir a nuestro Señor con todo nuestro corazón. Para poder hacer esto, necesitamos pensar activamente en y recordar —y contar con— el hecho, la verdad y la promesa: Dios, en su divino poder, nos ha dado ya todas las cosas que tienen que ver con la vida y la santidad (2 P. 1:3). Así que nosotras poseemos ya todo cuanto precisamos para vivir de manera excepcional.

Convertirse en una mujer excepcional

¿Quieres destacarte y llevar una vida notable, excepcional, única, fuera de todo lo común, asombrosa, extraordinaria, y ser una mujer no conformista? He aquí algunos pasos importantes:

Presta atención a lo que captas. Empieza por alimentar tu mente con las instrucciones de Dios. Una vez que conoces la verdad y lo que piensa *Dios* acerca de cada una de las facetas de tu vida, podrás actuar, pensar, responder y tomar decisiones como es debido. Podrás tomar las decisiones apropiadas al llegar a cada una de las encrucijadas de tu vida. Estarás viviendo una vida separada de la del mundo, "santificada" por la Palabra de Dios (Jn. 17:17) ¡Excepcional!

Elige tus amistades con cuidado. Este es un aspecto en el que es "importante andar con cuidado". Cuando se trata de escoger a tus amistades, recuerda que existen básicamente tres clases. El primer grupo son aquellos que te arrastran a un lugar más elevado de cristianismo, que hacen que te acerques más a Dios y a sus normas. Este grupo incluye a mentores, consejeros, maestros y modelos que te sirvan de ejemplo.

El próximo grupo son los que te empujan a seguirlos. Normalmente, son personas con una mentalidad parecida, que estimulan tu crecimiento espiritual y que caminan con Dios. Juntos se dirigen hacia el mismo lugar: una mayor obediencia, un mayor crecimiento, un mayor servicio a Dios y a su pueblo y, eventualmente, al cielo y a la vida eterna. Ustedes se edifican mutuamente durante el camino.

La tercera categoría está formada por los conocidos que te arrastran hacia abajo, que te animan a que vayas en una dirección equivocada, que te presionan a que tomes malas decisiones, que se burlan de tus normas. Sí, los amas, oras por ellos, los sirves y les das testimonio, pero no son tus amigos íntimos. Como advirtió el padre sabio en el capítulo 1 de Proverbios: "Hijo mío, si los pecadores te quisieren engañar, no consientas. Si dijeren: Ven con nosotros, pongamos asechanzas… aparta tus pies de sus veredas, porque sus pies corren hacia el mal" (vv. 10 y 15-16). ¡Con este lenguaje tan claro, también nos está instruyendo a nosotras! No escuches a estas personas ni imites lo que hacen, y por supuesto, no sigas su camino.

Dedica tu tiempo a lo que es realmente importante. Dios nos dice cómo usar nuestro tiempo: "Mirad, pues, con diligencia cómo andéis, no como necios sino como entendidos… Por tanto, no seáis insensatos, sino entendidos de cuál sea la voluntad del Señor" (Ef. 5:15, 17). Esto significa que debes andar con mucho cuidado en cuanto a tu manera de vivir, haciéndolo de modo responsable y sabio. Sácale el máximo de provecho a cada minuto haciendo el mejor uso posible de tu tiempo. No puedes permitirte el lujo de ser descuidada con tus días y horas, ni tomar decisiones que no sean apropiadas respecto a cómo pasar tu tiempo, porque tu tiempo es tu vida, y estás cumpliendo una asignación de parte de Dios. Eres una mujer con un propósito y has sido salva para servir. Eres la obra maestra de Dios, creada en Cristo para buenas obras (Ef. 2:10). Por lo tanto, esfuérzate en utilizar esos minutos dorados, que te ha concedido Dios, en lo que es realmente importante, no en actividades y propósitos mundanos. Una mujer excepcional me enseñó el siguiente principio: "No puedes nunca matar el tiempo sin herir a la eternidad". Haberte entregado de lleno a Cristo decididamente afecta la manera en que utilizas el tiempo.

Ten cuidado de la ropa que te pones. Cuando nos damos cuenta de lo mucho que la Palabra de Dios tiene que decir acerca de sus normas en este aspecto de nuestra vida diaria, tomamos conciencia de su importancia. Puede que dé la impresión de ser algo insignificante, pero es una manera muy real de seguir a Dios. Piensa en estas referencias y permite que ellas te sirvan de norma en cuanto a escoger tu manera de vestir (y también la de tu hija). Las mujeres cristianas deben ponerse ropa que sea "modesta": "Asimismo, que las mujeres se atavíen de ropa decorosa, con pudor y modestia..." (1 Ti. 2:9). En otras palabras, usa lo que es apropiado, viste de manera moderada y con sensatez.

Un paso adelante

Cuando pienso en destacarme y vivir por encima de la norma, me tengo que reír al recordar un artículo que vi cierta vez en la sección de negocios del periódico *Los Angeles Times* acerca de una publicidad que había obtenido un premio. El anuncio presentaba una oficina llena de personas que estaban trabajando en cabinas de trabajo. Debido a la altura de las cabinas, todo lo que se puede ver en el anuncio es la parte de arriba de la cabeza de las personas. Una de las cabezas llegaba treinta centímetros por encima del resto y le pertenecía a Kareem Abdul-Jabbar, un hombre que había sido un famoso jugador de basquetbol del equipo de Los Angeles Lakers, que medía dos metros diez. En el anuncio, él era el único en más de cien cabinas que usaba una computadora Apple, lo cual hacía que fuese diferente y se destacara entre los demás.

> *En la bifurcación de cada carretera, elige el camino que más te acerque a Dios.*

Eso es lo que Dios quiere para ti como mujer cristiana. Él quiere que tú, como mujer, seas extraordinaria, sobresalgas por encima del resto, te destaques, estés por encima y más allá de la norma. Él quiere que seas diferente, que no seas mundana. Que Cristo esté en tu interior hace que seas excepcional. Tu manera de pensar y de comportarte debe ser un reflejo de tu posición. No debes ser como las personas del mundo, pero sí debes ser especial, una embajadora y anunciante de Cristo.

En la bifurcación de cada carretera, elige el camino que más te acerque a Dios.

Nuestro objetivo no es descubrir cuánto podemos conformarnos al mundo mientras aún mantenemos nuestras particularidades. Que nos neguemos a conformarnos a los valores del mundo debe ir aún más profundo que el nivel del comportamiento y de las costumbres; debe estar fielmente plantado en nuestra mente.[1]

10

Hacer la diferencia

No os conforméis a este siglo, sino transformaos por medio de la renovación de vuestro entendimiento, para que comprobéis cuál es la buena voluntad de Dios, agradable y perfecta.

ROMANOS 12:2

Las mariposas... ¿A quién no le encantan esas exquisitas criaturas, que son una maravilla en su delicada belleza? De hecho, te podrías pasar semanas, meses e incluso años enteros asombrándote porque existen entre quince y veinte mil especies de ellas por todo el mundo. ¿Y sabías que muchas mariposas emigran recorriendo grandes distancias? Particularmente famosas son las migraciones de las mariposas monarca, que emigran de México a Norteamérica, una distancia de aproximadamente 4.400 kilómetros. ¡Y algunas mariposas monarca hacen hasta viajes transatlánticos! A pesar de tener un aspecto muy frágil, estas delicadas mariposas son insectos verdaderamente asombrosos. Pero a fin de poder tener la belleza que tanto admiramos, estas criaturas únicas tienen que pasar por una metamorfosis.

Un cambio notable

Tal vez recuerdes haber estudiado la "metamorfosis" en una clase de ciencias elementales. La mariposa empieza su vida como una oruga y se "transforma" —o sufre una metamorfosis total—

desde adentro hacia afuera, mientras se encuentra en el interior de una crisálida, que es la versión del capullo de la mariposa.

Lo mismo es cierto sobre de ti y sobre mí cuando creemos y confiamos en Cristo: ¡pasamos por una metamorfosis! La raíz original de *transformarse* procede del idioma griego y se usa en tres pasajes diferentes del Nuevo Testamento. Uno de sus usos es el que encontramos en Romanos 12:2: "No os conforméis a este siglo, sino *transformaos...*". No debemos dejarnos influenciar y fundirnos en el sistema del mundo. En lugar de ello, debemos transformarnos por medio de Cristo en criaturas que vuelan como preciosas mariposas. Cristo cambia nuestro interior cuando recibimos nueva vida en Él. "De modo que, si alguno está en Cristo, nueva criatura es..." (2 Co. 5:17). Con la ayuda de la abundante gracia de Dios, necesitamos renovar nuestras mentes de manera que nuestras vidas puedan también ser interiormente transformadas, para que otros lo vean.

Vivir en el mundo

Piensa en ello. ¿Por qué ser una oruga cuando puedes ser una mariposa? ¿Por qué llevar una vida aburrida cuando puedes tener una vida deslumbrante? ¿Por qué ser como los que no creen, que están perdidos, confusos y muertos en sus pecados, cuando puedes vivir de una manera diferente, semejante a Cristo y con una fortaleza que te haga sentir confiada? Hay un pequeño problema a la hora de cumplir estos maravillosos deseos: el mundo. El lugar mismo en el que deseamos hacer la diferencia es el lugar mismo en el que tenemos la lucha y debemos tenerla. ¿Por qué?

- Porque actualmente el mundo se halla bajo el control de Satanás (1 Jn. 5:19).
- El mundo odia a Jesús porque Él da testimonio de que el mundo es malvado (Jn. 7:7).
- El mundo te odia porque eres una discípula de Jesús (Jn. 15:18-19).

- El mundo considera la salvación por medio de Jesús como una locura (1 Co. 1:21, 27-28).

Un dicho cristiano corriente sacado de Juan 17:15-16 que a mi me pasa constantemente por la mente es: "Estamos en el mundo, pero no somos del mundo". Puesto que caminamos sobre la cuerda floja por ir de camino a los cielos, a pesar de que tenemos que vivir en la tierra, Dios provee las normas para nosotras respecto a nuestra relación con el mundo en el que debemos vivir.

Nosotras debemos ser sal (Mt. 5:13). Se supone que debemos ejercer una influencia positiva sobre el mundo, a fin de ser para los no creyentes lo que la sal es para los alimentos que comemos. Lo que es cierto acerca de cualquier condimento es cierto respecto a nosotras. Si el condimento no tiene gusto alguno, tampoco tiene valor, no resulta atractivo ni produce ningún efecto. Y si no hacemos ningún esfuerzo para vivir vidas puras y dar testimonio al mundo, hemos fracasado en uno de los propósitos que Dios tiene para nosotras: hacer que otros sientan deseo de conocer al Hijo de Dios. Si nos parecemos demasiado al mundo, carecemos de valor como "condimento".

Debemos ser luz (Mt. 5:14). ¿Se puede ocultar una ciudad que está iluminada y situada sobre lo alto de una colina? ¡Por supuesto que no! Sus luces se pueden ver desde varios kilómetros de distancia, como un faro para el viajero perdido o cansado que necesita encontrar un lugar seguro para pasar la noche. De la misma manera, nosotras debemos brillar con el reflejo de Cristo, ser un destello que emana de la presencia de Cristo en nuestros corazones. Como una novia deslumbrante que ilumina a todos los que están a su alrededor, por el amor que ella siente por el esposo, nuestro amor a Jesús es algo que todo el mundo debe ver. Sin embargo, con frecuencia ocultamos nuestra luz cuando:

- permanecemos calladas en lugar de hablar
- somos seguidoras en lugar de ser guías
- tememos mostrar la luz
- permitimos que el pecado oscurezca nuestra luz
- nos negamos a compartir nuestra luz con otros
- hacemos caso omiso de las necesidades de otros

Si vivimos para Cristo, brillaremos como las luces de la ciudad sobre una colina, siendo testigos de la presencia y el amor de Cristo en nosotras, mostrando a otros el camino a Él. ¡Dios desea que seamos como faros de la verdad en un mundo oscuro y necesitado!

Nosotras debemos hacer la diferencia (Jn. 17:6-18). En su oración, antes de ir a la cruz, Jesús no le pidió a nuestro Padre celestial que *sacase* a los creyentes del mundo. No, en lugar de eso, pidió la protección de Dios al dejarnos a nosotros *en* el mundo y nos mandó *al* mundo (v. 18). ¡Cristo quiere que marquemos la diferencia en el mundo en el que vivimos! Tenemos un gran reto porque el mundo desprecia a los cristianos debido a que nuestros valores son incompatibles con los suyos. Puesto que nosotras, como seguidoras de Cristo, no cooperamos con el mundo participando en su pecado, las personas del mundo ven la diferencia y entienden su inmoralidad. Además, el mundo sigue los planes de Satanás, que es el enemigo declarado de Jesús y de su pueblo.

Nosotras somos las embajadoras de Jesús en el mundo, sus testigos hasta lo último de la tierra. Como el apóstol Pablo se maravilló:

> ¿Cómo, pues, invocarán a aquel en el cual no han creído? ¿Y cómo creerán en aquel de quien no han oído? ¿Y cómo oirán sin haber quien les predique? ¿Y cómo predicarán si no fueren enviados? Como está escrito: ¡Cuán hermosos son los pies de los que

> anuncian la paz, de los que anuncian buenas nuevas! (Ro. 10:14-15).

Una de las labores que nos ha sido encomendada es vivir una vida santa y compartir el evangelio de Cristo para que otros puedan saber acerca de Él. Uno de los trabajos de Dios es capacitarnos y protegernos cuando llevamos una vida justa y compartimos la verdad con los incrédulos, pero también es su labor atraer los corazones de los hombres y de las mujeres a Él. Por lo tanto, nuestra más grande tarea es vivir en el mundo y no dejarnos influenciar por él. ¿Cómo, pues, realizaremos nuestra labor de dar testimonio a los incrédulos? ¡Por medio de la transformación!

¡Que comience la transformación!

Lo que debería decir en realidad es: "¡Que continúe la transformación!". Romanos 12:2 nos informa que se produjo una maravillosa transformación en nuestros corazones el momento mismo en que creímos en Cristo y lo recibimos como Salvador (vea también 2 Co. 5:17). Pero Pablo no se detiene ahí, nos hace saber que es preciso que la transformación también se produzca en la *mente*, donde tienen su origen los pensamientos y los hechos.

Una clave para poder realmente vivir la vida cristiana es añadir actividades que renueven tu mente. "La renovación de tu mente" requiere una manera totalmente nueva de pensar. Esto tiene que ver con una mente que desea conformarse a Dios y a sus caminos en lugar de a los de este mundo. Ningún cristiano puede realmente ser transformado sin renovar su mente.

Una mujer excepcional es un ser nuevo, es una persona en quien habita Dios. Esto solo puede significar una cosa: deshacerse de las obras antiguas, incluida la antigua manera de hacer las cosas. Echemos un vistazo a algunos aspectos de la vida diaria con los que es preciso que nos enfrentemos para que podamos convertirnos en mujeres excepcionales. Estos aspectos los trata

Dios en su Palabra y nos pide que renovemos nuestra mente: que nos llenemos de la mente de Dios de modo que pensemos, actuemos, hablemos y vivamos a su manera.

Lo que tú dices. Jesús tenía *mucho* que decir acerca de nuestra manera de hablar. Un versículo que me repito a mí misma todos los días para que me ayude a renovar mi mente y mi boca es Mateo 12:34: "…de la abundancia del corazón habla la boca". Esta verdad constantemente me recuerda que lo que Dios ha realizado en mí, en el interior, debiera ser evidente en el exterior, empezando con mis palabras.

> *Di cosas que constantemente edifiquen a otros e impartan gracia.*

Por ejemplo, decir la verdad es algo que he puesto en primer lugar en mi lista, porque desde recién convertida, Dios hizo que empezase el proceso de renovación de mi mente. Cuando era niña, instituí el gran arte de decir "pequeñas mentiras inofensivas" como una forma de etiqueta "apropiada". En lugar de decir que no y posiblemente hacer daño a los sentimientos de alguien, tomé la costumbre de contestar con algo un tanto indefinido como: "Intentaré ir", a pesar de que sabía que no lo haría. Como parte de renovar mi mente, me sentí obligada a renunciar a esta forma —y a algunas otras— de la mentira. Tenía que pensar constantemente en los pasajes de las Escrituras como recordatorios para poder ser totalmente —pero dulcemente— honesta. Tuve que dejar de mentir y permitir que mi sí fuera sí, y mi no fuera no. Tenía que acordarme de que debía decir la verdad y decirla con amor, con gracia y con tacto.[2] Al pensar en las enseñanzas de Dios acerca de la lengua, establecí nuevas prioridades y normas respecto a mi manera de hablar: ¡las de *Dios*! ¡No había duda de que la transformación había comenzado!

Hablar de manera que no es apropiada es algo que va mucho

más allá de mentir, como es natural. Al renovar nuestra mente con las verdades de las Escrituras, que nos enseñan sobre la manera de hablar que es aceptable o inaceptable, nuestro vocabulario se transforma. Nos damos cuenta de que estamos intentando "dejar de lado" la ira, la malicia, el mal genio, la blasfemia, decir palabrotas, las murmuraciones y las calumnias, insultar a otros, despreciarlos y lo que la Biblia llama un lenguaje "deshonesto" y "corrompido", y "maledicencia".[3] Estos estilos de hablar del mundo empiezan a ser reemplazados por palabras que son buenas, edifican a otros e imparten gracia a los oidores (Ef. 4:29).

Tus costumbres. Algunos otros aspectos de mi "antigua vida" que Dios me mostró tenían que ver con malas costumbres, como puedan ser buscar atajos, hacer las cosas mal o pensar mal ("Bueno, no importa, esto no es gran cosa"), pereza, llegar tarde, buscar excusas o escapatorias de las que valerme con el propósito de evitar tener que hacer algo o resolver algo. ¿Te identificas con ello?

Cuanto más leas y estudies la Biblia, tanto más descubrirás pasajes de las Escrituras que revelan las normas de Dios. ¡Ora y emprende la acción! La antigua manera de hacer y de enfrentar las cosas tiene que ser eliminada. Aunque es posible que las malas costumbres se hallen profundamente arraigadas, la oración es tu esperanza momento tras momento para que se produzca un cambio radical. En lugar de tu antiguo estilo, cultiva la honestidad, la excelencia en todas las cosas, la puntualidad, la diligencia y el respeto hacia los demás, incluidos aquellos en autoridad. "Y todo lo que hagáis, hacedlo de corazón, como para el Señor y no para los hombres" (Col. 3:23) ¿No deja este versículo el concepto muy claro?

Tus actitudes. El amplio espectro de las actitudes y de las emociones, como pueden ser la ira, la depresión, el temor, el egoísmo y el orgullo, es lo siguiente. En mis lecturas, encontré una conclusión que me hizo pensar en el libro *The Role of Women in the Church*

[El papel de las mujeres en la iglesia] del Dr. Charles Ryrie. Este erudito (creador de la Biblia conocida como *Biblia de Estudio Ryrie*) cubre todo el Antiguo y el Nuevo Testamento, investigando el papel desempeñado por las mujeres. Ha destacado estos dos nobles, necesarios y significativos papeles espirituales: *el servicio* y *la oración*. La oración, junto con servir a otros, es un mejor uso de tus energías que la ira. Servir con humildad es algo que también disipa el orgullo. Ayudar a otros hace, al mismo tiempo, que dejemos de ser egoístas.

Dios tiene nuevas maneras de que hagamos las cosas. Él nos dice que dejemos totalmente de lado nuestros antiguos métodos de relacionarnos con otros e eliminemos la manipulación, el mal humor y la tristeza, y el uso de estas costumbres para conseguir o comunicar lo que queremos. Es muy fácil dejarnos arrastrar de nuevo por nuestras antiguas costumbres y decidir: "Bueno, estaré de mal humor" o "No diré nada, sencillamente lo trataré con frialdad, me mostraré abatida hasta que se dé cuenta". Si eres consciente de que estás haciendo esto, ora pidiendo un corazón abierto y amoroso hacia otros y un corazón obediente a la manera de tratar a otros como lo haría Dios.

> *La mujer excepcional —¡tú!— sirve, ama y ayuda de buena gana, con alegría y de todo corazón, además de hablar la verdad con amor.*

¿Cuál es tu principal mala actitud a la hora de tratar con otras personas hoy? Menciónalas y luego mira en la Palabra de Dios buscando mejores maneras de enfrentarte con estas situaciones. Están ahí, en la Biblia. También puedes pedir consejo a personas en las que confías cuando tienes un problema y que conocen la Palabra de Dios. Deja a un lado cualquier satisfacción que puedas sentir por tratar con dureza a alguien y hacer que esa persona sufra cuando estás enojada. Reemplaza esa actitud con la oración por esa persona y sírvela.

En este caso, también encajan el negativismo, el pesimismo y el cinismo. Una mujer de mi clase bíblica me preguntó qué opinaba sobre el sarcasmo en la relación matrimonial. Pensé en ello y luego le dije: "Creo que es preciso eliminarlo porque el sarcasmo duele. Por ejemplo, hoy sabes que tu compañero bromea cuando te habla con sarcasmo, pero mañana no te sentirás tan segura. Y lo mismo se aplica a ti como esposa. Además el sarcasmo es una manera de decir algo que con frecuencia quieres decir en serio, pero temes hacerlo".

Es preciso eliminar nuestras antiguas maneras de relacionarnos. ¡Eres la nueva mujer, la mujer excepcional! Eres la mujer que piensa de manera diferente, que habla de modo diferente, que enfoca las cosas de manera diferente. Sirve, ama y ayuda de buena gana, con gozo, de todo corazón y habla la verdad con amor. Al pasar por tu vida diaria, recuerda: tu manera de pensar determina tu manera de actuar.

Moldear tu mente de manera distinta

Afortunadamente, Dios deja muy claro dos pasos de enorme importancia en cuanto a seguirlo de todo corazón y tienen que ver con moldear tu mente de manera distinta.

Primer paso: "No os conforméis a este siglo..." (Ro. 12:2). Es fácil admirar y desear imitar a las personas "hermosas" del mundo. Ya sabes, los famosos, aquellos a los que otros admiran por su belleza, estilo, inteligencia, riqueza o posición. Pero si examinas eso de cerca, te darás cuenta de que muchas de estas personas están perdidas, confusas, se sienten desdichadas, son negativas, se quejan, son egoístas, carnales, insensatas, a veces hasta malvadas y crueles. Con frecuencia manifiestan lo que la Biblia llama maldad e insensatez, y siempre buscan algo que las haga felices.

¿Por qué nosotras, que somos mujeres cristianas, desearíamos adoptar sus costumbres, conformarnos a sus normas o a la falta de ellas? La verdad es que *nosotras* ya tenemos todo, *¡todo!* Las personas que están en el mundo necesitan a Cristo, así que una de las asignaciones que nos ha dado Dios es amar, dar testimonio, orar por estas personas para que busquen al Señor y convencerlas de ello.

Desdichadamente, a veces nosotras tenemos temor o somos demasiado tímidas para destacar, de modo que nos adaptamos, comportándonos de manera que nadie se fije en nosotras. Pero no es así como somos. Cuando vivimos tal como somos —hijas de Dios— somos excepcionales, diferentes. Y no en un sentido negativo, como si fuésemos unas presumidas, o nos creyésemos ser más listas o extrañas, o adoptásemos la actitud de ser más santas que ellas. No, debemos vivir como mujeres muy especiales, impresionantes, asombrosas y maravillosas para que otras se sientan atraídas a Cristo por medio de nosotras.

Amoldarnos es peligroso. ¿Por qué? Porque el mundo no es benigno y neutral, el mundo es el dominio de Satanás (Jn. 14:30; 1 Jn. 5:19). Debemos mantenernos en guardia, preparadas para luchar y para hacer frente, endureciéndonos a nosotras mismas de modo que decidamos en cada oportunidad —en cada encrucijada del camino— seguir a Dios con todo nuestro corazón y llevar una vida excepcional *cumpliendo* su voluntad. ¿Cómo?

- *Reconoce el mandamiento.* Romanos 12:2 claramente nos manda: "No os conforméis a este siglo...".
- *Entiende la importancia de no adaptarnos al mundo.* Tienes un doble propósito que requiere que seas diferente, que lleves una vida separada del mundo. Para empezar, debes ser semejante a Cristo, como un "pequeño Cristo", por así decirlo. Al mismo tiempo, eres una embajadora y representante de Cristo ante aquellos

que viven en el mundo y no lo conocen como Salvador (2 Co. 5:20).

- *Piensa en la Palabra de Dios.* Esto es lo que renueva tu mente y produce la transformación. Conoce la Palabra de Dios y piensa sobre sus verdades y sus enseñanzas. Memorízala y medita en ella.
- *Mantente en guardia.* ¡La atracción y la seducción del mundo son poderosas! Y a ti te están prohibidas, porque se nos dice: "Sed sobrios y velad; porque vuestro adversario el diablo, como león rugiente, anda alrededor buscando a quien devorar; al cual resistid firmes en la fe…" (1 P. 5:8-9). Sé plenamente consciente de que el mundo es en verdad un lugar hostil para los cristianos.
- *Mantente en oración.* La Palabra de Dios, el Espíritu Santo y tus oraciones te capacitarán para contrarrestar la atracción del mundo. Jesús nos enseñó a orar: "Y no nos metas en tentación, mas líbranos del mal; porque tuyo es el reino, y el poder, y la gloria, por todos los siglos. Amén" (Mt. 6:13) Pídele ayuda a Dios para mantenerte en el sendero que Él ha escogido para ti.

Segundo paso: "…transformados…" (Ro. 12:2). Este también es un mandamiento de Dios. Cuando abrazamos a Cristo, somos transformadas —remodeladas— de inmediato interiormente. Así nos convertimos en seres espirituales como hijas de Dios. Somos bendecidas con todo lo que Él hace y lleva a cabo por nosotras. Aunque el Señor hace todo esto y más por nosotras, desde ese momento hasta la muerte, debemos alimentar lo que está en el *interior*, de manera que sea revelado en el *exterior*. Debemos crecer espiritualmente, lo cual cambiará nuestras costumbres en lo más hondo de nuestro ser. Por esta razón, no debemos conformarnos a las cosas del mundo, sino ser transformadas para seguir los caminos de Dios.

Un paso adelante

Piensa por un momento en la metamorfosis de la mariposa. Un feo gusano que se arrastra se convierte en una crisálida o se refugia bajo tierra. Y aunque los cambios que se producen en esta metamorfosis, de ser un gusano a ser una mariposa, dan la impresión de ser rápidos, no es ese el caso. Las alteraciones interiores, las células y los tejidos que producen un cambio tan completo son graduales.

Y lo mismo nos sucede a nosotras. Debemos dedicarnos a alimentar el crecimiento necesario para nuestra completa transformación. Mi marido les dice a los hombres que anima en su desarrollo espiritual: "Dios los llevará tan lejos como quieran ir, tan rápidamente como quieran". De manera que, con frecuencia, podemos ser el obstáculo para un mayor crecimiento, para el cambio, para la transformación, para ser más semejantes a Cristo. Dios lo desea y puede llevarnos allí, pero a menudo dudamos o impedimos que su Palabra obre en nosotras.

Dios quiere que sigas hacia adelante, que te mantengas centrada y comprometida. Él te guiará todo el camino. Por lo tanto, no pierdas tu tiempo, no te desvíes ni te quedes atrás. Si te das cuenta de que empiezas a arrastrar los pies o a volver a tus antiguas costumbres, que pueden impedir tu transformación, toma acción y vuelve al buen camino.

Esta semana examina tu interior. Si tu deseo principal es seguir a Dios con todo tu corazón, pídele que te muestre cualquier aspecto de mundanalidad, cualquier sentido en el que te estés amoldando a las normas de este mundo y no a las suyas. Pon tu vida ante Él, con todos tus diferentes aspectos: tu manera de vestir y de hablar, las decisiones que tomas respecto a las distracciones, tus actitudes, cómo gastas tu dinero y cómo inviertes tu tiempo, tu comportamiento y tus amistades. Luego da un paso gigantesco negándote a conformarte a las costumbres del mundo y toma la decisión de *no* seguir por ese camino. Decide seguir el camino de Dios cuando te encuentres ante una encrucijada en la vida. Decide hacer "su buena, agradable y perfecta voluntad" y vive tu vida transformada apasionadamente, según al plan que tiene Dios para ti. Esto, mi querida amiga, ¡*te* convertirá en una mujer excepcional!

El dominio propio alcanza su más alta disciplina en la entrega absoluta de toda tu vida al cuidado y al servicio de Dios.[1]

Joseph Parker

11

Renovar tu mente

No os conforméis a este siglo, sino transformaos por medio de la renovación de vuestro entendimiento, para que comprobéis cuál es la buena voluntad de Dios, agradable y perfecta.

Romanos 12:2

Te acuerdas del mejor viaje que hiciste, o te imaginas aquel con el que siempre soñaste, pero que todavía no has hecho? El mío fue una gira de estudios con mi marido y un grupo de estudiantes del seminario a una serie de países del Mediterráneo y de Oriente Medio, incluido Israel. Planeando por adelantado, llevé conmigo algunos trabajos de costura para llenar las largas horas de espera en los aeropuertos, los vuelos y los viajes en autobús a nuestros destinos. Sabía que un buen comienzo sería un trabajo de bordado y que me daría el estímulo necesario para continuar una vez que hubiese acabado el viaje.

Cuando trabajas en algo durante *muchos* meses, no te olvidas nunca de ese proyecto. El tema de esa costura era una obra de arte concreta acerca de la oración, hecha en un colorido bordado de punto de cruz. La oración está colgada en una de las paredes de nuestra casa y me sirve de estimulo cada día: "Señor, concédeme la serenidad para aceptar las cosas que no se pueden cambiar, el valor para cambiar las que sí se pueden y la sabiduría para reconocer la diferencia".

Reflejar la imagen de Cristo

Convertirse en una mujer extraordinaria de Dios requiere tener el deseo, el valor y la energía necesarios para cambiar, crecer, arreglar, corregir y enderezar aquellas cosas que pueden y necesitan ser cambiadas. Implica abrazar las normas de Dios y desear ser transformada de arriba abajo, a fin de poder alcanzar esos objetivos.

Convertirse en una mujer excepcional de Dios requiere averiguar lo que significa seguir a Dios con todo tu corazón... Y a continuación, poner en práctica lo que estás aprendiendo. ¡En eso consiste la transformación! Como he mencionado con anterioridad, la palabra *transformar* solo aparece tres veces en el Nuevo Testamento. En Romanos 12:2, Pablo nos exhorta a que no nos conformemos, adoptemos la forma ni apretujemos para meternos en el molde del mundo. En lugar de ellos, debemos ser *transformadas*, cambiadas para tener otra forma. ¿Qué aspecto tiene esta otra forma? Segunda de Corintios 3:18 es otro versículo que contiene la palabra *transformados* y que nos da la respuesta.

> "Por tanto, nosotros todos, mirando a cara descubierta como en un espejo la gloria del Señor, somos transformados de gloria en gloria en la misma imagen, como por el Espíritu del Señor".

El proceso de transformación (o de metamorfosis) sobre el que está hablando Pablo en Romanos requiere pasar por un cambio completo. Pero como sugiere 2 Corintios, el proceso de ser cambiada, con la ayuda del Espíritu Santo, nos "transformará" de manera que actuemos más como Jesús en todas sus excelencias morales. ¿No es esa una maravillosa dirección para tu vida? ¿No te gustaría reflejar mejor la verdadera imagen de Cristo a un mundo que nos está contemplando? ¡Yo sé que a mí me gustaría! Y aquí hay algunas maneras para iniciar los cambios que deseamos o que tal vez necesitemos hacer. Y vienen directamente de Dios.

Cambiar tu forma de pensar

Piensa sobre tu manera de pensar. Como dice Romanos 12:2: "...transformados por medio de la *renovación de vuestro entendimiento...*". Si eres cristiana, eres una mujer nueva: "...si alguno está en Cristo nueva criatura es..." (2 Co. 5:17). Eso significa que tu mente es diferente a partir del momento en que has creído en Cristo. Ahora tienes "la mente de Cristo" (1 Co. 2:16). Y eso debería hacer —¡y hace!— una enorme diferencia.

Piensa de nuevo en la mariposa, en su metamorfosis, que es un acontecimiento por el que pasa la oruga, que hace que se produzca ese enorme cambio. En ese momento, se transforma en una crisálida y se oculta bajo tierra, según la especie. Durante esta etapa en que se retira y se encuentra en estado de hibernación, tienen lugar los enormes cambios en el gusano escondido. Y *¡voilà!* Después de semanas, incluso meses, según la especie, sin que se la vea, emerge triunfante como una gloriosa mariposa.

Y es lo mismo en tu caso y en el mío. La transformación podrá empezar en tu corazón, pero también se producen cambios exteriores con la *renovación de tu mente.* ¿Cómo se produce este proceso de renovación? Aquí tenemos unas cuantas disciplinas espirituales que me han sido de ayuda y espero que también te sean de ayuda a ti.

Pasa tiempo a solas con Dios. Al igual que en el caso de la mariposa, la mayor parte de los cambios que nos transformarán tendrán lugar en privado, en secreto, en una crisálida, por así decirlo, bajo tierra, a solas con Dios. Oculta con Él en la quietud de la soledad, podrás ejercitar esta principal "disciplina espiritual". ¿Cuándo fue la última vez que pasaste tiempo solo tú y Dios? No, no me refiero a tu tiempo especial normal de devoción, sino a un tiempo más prolongado para pensar, orar y evaluar tu estilo de vida, así como hacer una nueva entrega a Él. El mundo con todo su ruido y su clamor es una distracción, y lo que necesitas es un retiro personal. ¿Por qué no pasar tiempo esta semana en soledad con Dios?

Estudia tu Biblia. Cada vez que lees tu Biblia, existe el potencial para que se produzca un cambio. No hay duda sobre eso. Una mujer excepcional dedica cantidades significativas de tiempo a leer en silencio, a meditar y a memorizar la Palabra de Dios.

Todos nos vemos continuamente bombardeados por el mundo, pero podemos contrarrestar su influencia dedicándonos al estudio de la Palabra de muchas maneras posibles. He leído que Ruth Graham tuvo siempre una Biblia abierta en su mesa del desayuno durante años. ¿Por qué? Para que cada vez que pasara por la cocina, pudiese leer otro párrafo o marcar un pasaje. Lo llamaba: "Tomar un tentempié de la Palabra de Dios". ¡Esa no es una mala idea!

Esta semana como disciplina espiritual, dedícate a encontrarte con Dios siete veces. ¿Crees que reunirte con Dios de esta manera puede cambiarte? ¿Qué puede cambiar tus pensamientos? En serio, ¿crees que puedes alterar tu tendencia a tener pensamientos mundanos? Reemplaza los pensamientos mundanos y humanos y tus temores por los pensamientos de Dios. ¡Por supuesto que puedes hacerlo! Y no olvides poner tu Biblia abierta en un lugar por donde tengas que pasar durante el día. ¡Excelente!

Ten la perspectiva correcta acerca de la oración. En mi labor como consejera bíblica, había una actitud recurrente entre las mujeres que recibían los consejos y que venían pidiendo ayuda. Al firmar su nombre, les pedía que rellenasen un cuestionario acerca del problema que les había hecho decidirse a pedir ayuda. Una de las preguntas era: "¿Qué has hecho respecto a este problema?". La mayoría de las mujeres contestaban que habían orado por su problema.

Orar es un paso positivo. Sin embargo, uno de los objetivos de la consejería era mostrar al hombre o a la mujer que la oración no es una varita mágica que se debe menear por encima de él o de ella para hacer que desaparezcan sus problemas. El enfoque de la oración en el Nuevo Testamento no es liberarse de un problema o situación, sino ser fortalecidos para vivir con el problema:

- Jesús oró pidiendo que fuera liberado de la carga de la cruz, pero fue muy firme en cuanto a poner por delante la voluntad de su Padre (Lc. 22:42).
- Esteban, el mártir de Cristo, no oró con el fin de poder escapar y no ser apedreado, sino para que sus perseguidores fuesen perdonados (Hch. 7:59-60).
- Pablo no oró pidiendo ser liberado de la cárcel, sino para que pudiese predicar con atrevimiento a sus guardas (Ef. 6:19-20).
- Santiago no oró pidiendo alivio para sus lectores al pasar por diferentes pruebas, sino para que las considerasen como gozo y como una manera de obtener paciencia (Stg. 1:2).
- Pedro no oró pidiendo que sus lectores, que estaban sufriendo, fuesen liberados, sino para que se regocijasen por ser partícipes en los sufrimientos de Cristo (1 P. 2).

La oración no cambia las circunstancias de nuestra vida o nuestros problemas. No. ¡La oración se centra en cambiarnos a nosotras! ¿Por qué este énfasis? Porque la metamorfosis se produce en *nosotras* cuando oramos. *Cambiamos.* Y si la situación o la circunstancia no cambia jamás, no hay problema porque *nosotras* hemos cambiado hasta el punto de que *podemos* enfrentarnos con cualquiera que sea el problema o la situación. ¿Recuerdas mi oración hecha en punto de cruz? Su mensaje nos da la perspectiva correcta sobre la oración: "Señor, concédeme la serenidad para aceptar las cosas que no se pueden cambiar, el valor para cambiar las que sí se pueden y la sabiduría para reconocer la diferencia".

Llena tu interior con la Palabra. Otra costumbre espiritual para renovar tu mente es meditar en lo que estás aprendiendo, incluso memorizar versículos de la Biblia que son significativos. Por esta razón, me digo constantemente a mí misma: *¡Elizabeth, asegúrate de que estás memorizando las Escrituras!* Nuestro propósito es llenar nuestras mentes de *su* mente. Entonces, cuando se requiere tomar una decisión o emprender una acción, tenemos la Palabra de Dios —su voz, por así decirlo— oculta en nuestros corazones para guiarnos, hablarnos y mostrarnos cuál es el camino correcto.

Tú, al igual que todos los cristianos, debes cambiar las mentiras del mundo por las verdades de la Palabra de Dios, de manera que necesitas hacer que estas formen parte de tu proceso mental. Así estarás siempre disponible para renovar tu mente, en cualquier momento, donde sea, en cualquier situación. Memorizar las Escrituras de manera permanente graba en tu corazón y en tu mente el modo de Dios de hacer las cosas. Entonces podrás seguirlo con todo tu corazón, tu alma y tu mente (Mt. 22.37).

Así que, ¿por qué perder el tiempo mientras conduces escuchando la radio? En lugar de ello, memoriza y repasa las Escrituras, y llena tu mente con la mente de Dios. Medita en lo que ya has archivado en tu mente, repasa y piensa en lo que estás memorizando actualmente. Piensa en todo lo que es puro, amable, noble, edificante —la verdad transformadora de la Palabra de Dios—. Elige esto en lugar de estar pensando en la más reciente tragedia, crisis, moda o alguna película o música, estrella o en la conducta de una persona pública, un crimen o una opinión. Medita en la Palabra de Dios *en cualquier parte, en cualquier momento*, incluido tu auto, la cama o mientras estás esperando en la consulta del médico. ¡Cuando lo haces, se produce una gloriosa transformación!

Pon tu crecimiento por escrito. Otra disciplina espiritual que me encanta es escribir un diario. Cada palabra que escribes en un diario primero tiene que pasar por tu mente, incluso aunque solo estés apuntando una cita de alguien que admiras o de algo que has leído que no quieres perder u olvidar. Las palabras de esa persona se abren paso en tu mente y en tu corazón para llegar a las páginas de tu preciado diario. Escribir en un diario o en un cuaderno es un excelente ejercicio para renovar tu mente seleccionando lo que es importante y de suficiente valor como para merecer el esfuerzo y la disciplina que requiere dejar constancia de ello, preservarlo y volver a leerlo con frecuencia. Hace que tus pensamientos estén cautivos a la obediencia a Cristo (2 Co. 10:5).

Reúnete con el pueblo de Dios. Y aquí tenemos la adoración, ¡la dulce adoración! Reunirse en la iglesia con el pueblo de Dios es muy refrescante y renovador. Cuando cantaba en el coro, acostumbraba a sentarme en el atrio del coro y mirar a la iglesia. A veces daba la impresión de que el santuario estaba medio vacío, y me preguntaba: *¿Dónde están estas personas? ¿A dónde han ido esta semana? Dicen que esta es su iglesia, su hogar, pero ¿dónde están?*

Y si había un predicador invitado y faltaba la mitad de las personas, me preguntaba: ¿Habrán llamado a la iglesia para ver si el pastor iba a predicar? Y si descubrieron que no lo iba a hacer, ¿habrán ido a alguna otra parte o se habrán quedado en casa? Dios es el Dios de las sorpresas y de las bendiciones. Hace los arreglos para que nosotros escuchemos y nos beneficiemos con muchos mensajeros. Un maravilloso y compasivo predicador de Australia, o de Inglaterra, o de Sudáfrica o de Fiji puede dejarte con la boca abierta. Un profesor de teología podrá hacer que

> *Asiste al culto de adoración. Esa es tu cita con Dios y una oportunidad para escuchar su Palabra y ser enseñada.*

lo profundo sea claro y abrir tu mente para que entiendas. Un expositor apasionado puede retarte de nuevas y diversas maneras.

¡Asiste al culto de adoración! Esa es tu cita con Dios. Cuando vayas renovarás tu mente al escuchar la Palabra de Dios y pasarás tiempo con la familia del Señor. Reunirte con su pueblo te infunde conocimiento, valor y fortaleza para comenzar la próxima semana armada, preparada y con buenos pensamientos. Así resultará mucho menos probable que te conformes al mundo y sus costumbres.

Ten unas cuantas amigas íntimas. Si decides rodearte y pasar tiempo con amigas cristianas dedicadas, estarás más fuerte que si pasas el tiempo con personas que viven en el mundo (los incrédulos). Las personas que no son cristianas no *creen* lo que tú crees o en quién tú crees, Jesucristo. Esas personas solo tienen sus propias normas personales de conducta y rara vez deciden lo que tú decidirás hacer como seguidora de Cristo. No entenderán las decisiones que tomas ni por qué las tomas. No te animarán en tus objetivos para vivir para Dios y para seguirlo con todo tu corazón. De hecho, es posible que hasta se rían y se burlen de ti.

Si tienes un trabajo en el mundo durante cuarenta o más horas a la semana, eso es mucha "mundanalidad", es una dosis masiva de exposición al mundo y sus costumbres. Amiga mía, tendrás que ser fuerte y tener tu mente alerta o en guardia para saber en qué has creído. Y tener el valor de conformar tu comportamiento a las costumbres de Dios.

He aquí algo que sucede con harta frecuencia. Una mujer que trabaja en un trabajo durante cuarenta horas a la semana usualmente pasa más tiempo con los trabajadores de la oficina de lo que lo hace con los que están en casa. Las amistades se hacen en el trabajo, lo cual da lugar a participar ocasionalmente en actividades en las que se reúne durante los fines de semana, por lo que no tardará en hacer cosas con las amigas del trabajo en lugar de ir a la iglesia.

Sí, debes tener amistad con todo el mundo y dar testimonio de Cristo a todos, y debes amar a todo el mundo y orar por él. Pero como dice 1 Corintios 15:33: "...las malas conversaciones [compañías] corrompen las buenas costumbres". El tiempo que no dedicas al trabajo o a las actividades de la comunidad es *tu* tiempo para participar en actividades santas, para pasar tiempo con tu familia y con el pueblo de Dios, para seguir activamente el crecimiento espiritual y la transformación.

Haz que tu corazón se exprese. Una señora que estaba en una conferencia me preguntó: "Elizabeth, sé que las mujeres en mi iglesia aman a Dios, pero nunca hablamos acerca de Él, no hablamos nunca sobre lo que leemos en nuestras Biblias, no hablamos de los aspectos en los que estamos creciendo o que necesitamos crecer". Continuó diciendo: "Yo amo a Dios, pero no soy muy comunicativa. ¿Cómo podemos empezar a hablar sobre cosas significativas? ¿Sobre cosas importantes? ¿Sobre cosas que realmente son vitales?".

Mientras hablábamos, me fijé en las mujeres a mi alrededor. Estaban trabajando con proyectos manuales opcionales, sentadas hablando de las cosas acerca de las cuales las mujeres acostumbramos a hablar. Sin embargo, esto era un retiro cristiano, un tiempo separado del mundo para centrarnos en Dios y en su Palabra, en Cristo y en crecer para parecernos más a Él.

Le dije a mi nueva amiga: "Empieza contigo misma, haz un montón de preguntas, no solo '¿cómo estás?', sino preguntas sobre algo significativo e importante". En una ocasión, escuché una cinta acerca de una mujer de ochenta y tres años que nunca saludaba a nadie en la iglesia, sino que lo primero que hacía era preguntar: "¿Has leído algún buen libro últimamente?". Hablaba de inmediato sobre algo de importancia, relacionado con lo que otra persona estaba aprendiendo y haciendo en la vida real.

¿Qué más puedes usar para iniciar una conversación? Pídeles

a otros que te sugieran un buen libro, o un estudio bíblico o una lista de los versículos favoritos que puedas memorizar. Pide ayuda con tu vida de oración, pregunta qué es lo que les ha funcionado a otras personas, cómo encuentran el tiempo o si tienen un sistema o formato que les sirva de ayuda.

Si estás con cristianos, ¡considéralo una bendición! Utiliza este precioso tiempo para hablar acerca de Cristo, sobre tu Padre celestial, acerca de lo que estás aprendiendo y cómo estás creciendo. Tener un grupo de hermanas en Cristo tiene sus privilegios: una relación centrada en Cristo y por Él, y enfocada en las cosas de definitiva importancia. Su amor mutuo por Cristo estimulará a cada una de ustedes a amar y a hacer buenas obras, ayudándolas a todas a renovar sus mentes.

Revelar tu verdadero yo

Ya he dicho que la palabra *transformada* tiene tres usos en el Nuevo Testamento. Aquí tenemos el tercero:

> "...[Jesús] se transfiguró [transformó] delante de ellos, y resplandeció su rostro como el sol, y sus vestidos se hicieron blancos como la luz" (Mt. 17:2).

Esta es una visión que describe el cambio que Jesús tuvo desde su interior. Los cristianos se refieren a este acontecimiento como "la transfiguración de Cristo". Él cambió, sufrió una metamorfosis. Lucas 9:29 revela más: "Y entre tanto que [Jesús] oraba, la apariencia de su rostro se hizo otra, y su vestido blanco y resplandeciente". Jesús fue transformado, mientras oraba. ¿Por qué? Quería que su círculo interior de discípulos —es decir Pedro, Jacobo y Juan— viesen quién era Él en realidad: el Hijo de Dios.

La mujer excepcional debe ser real y no tener miedo de revelar su verdadera personalidad. Ella desea ser transformada haciendo que su mente se centre en las cosas de Dios y en su voluntad. Esta manera renovada de pensar dará como resultado comportamiento, acciones y lenguaje diferentes al comportamiento y las costumbres mundanas.

Un paso adelante

Un hecho interesante acerca de la metamorfosis de la oruga es que, mientras se encuentra en su crisálida, suceden dos cosas. Para empezar tiene lugar un proceso destructivo, que descompone algunos de los órganos en el interior de la oruga. Al mismo tiempo, se produce un proceso constructivo que forma los nuevos órganos adultos. De modo que es así como surge del capullo, después de un tiempo de haber permanecido oculto, un cuerpo nuevo, ¡transformado!

El procedimiento de renovación de la mariposa es semejante al que experimentas cuando cambias y creces para hacer la voluntad de Dios. El proceso destructivo es tu decisión de *no conformarte* al mundo, acabar con la fuerza que te atrapa, luchar en contra de ella y alejarte para buscar algo diferente. El proceso constructivo *consiste en ser transformada* conforme a las normas de Dios, haciendo que tu vida cambie para que encaje con la nueva vida en Cristo en tu interior. ¡Esto significa transformarse de las profundidades del pecado a las alturas excepcionales halladas en Cristo!

Al llegar a la bifurcación en la carretera, seguirás el camino de *Dios*, *su* manera de hacer las cosas, *sus* pensamientos. Considerarás la vida y sus opciones a través de *sus* ojos, viviendo para *Él*. Elegirás las acciones que renovarán tu mente y que te harán más semejante a Cristo. ¡Estas opciones y decisiones te convierten en una mujer extraordinaria! ¿Eres más como tu Salvador, Aquel a quien amas y Aquel que te ama? En ese caso, ¡vas por buen camino!

Si hay un Dios que se interesa por los hombres, entonces lo más importante en el mundo es averiguar lo que desea que yo haga y hacerlo.[1]

Cecil Rhodes

12

Seguir la voluntad de Dios

No os conforméis a este siglo, sino transformaos por medio de la renovación de vuestro entendimiento, para que comprobéis cuál es la buena voluntad de Dios, agradable y perfecta.

ROMANOS 12:2

Ya he mencionado antes que, durante los primeros veintiocho años de mi vida, no fui cristiana, pero por la gracia de Dios, luego fui transformada. Dios me abrió el corazón para que recibiese a su Hijo Jesucristo, y a partir de ahí, me lancé a velocidad supersónica, intentando seguir a Dios con mi corazón recién transformado. Mi esposo Jim, que dedicó de nuevo su vida a Cristo, se graduó del seminario y se metió de lleno en el ministerio. Las siguientes décadas de mi vida, las pasé viviendo como la esposa de un pastor, criando a nuestras dos hijas y siendo tan fiel como me fue posible en desarrollar una relación más profunda con mi Señor.

En aquellos primeros años, sabía muy poco acerca de lo que era vivir la vida cristiana, de modo que examiné mi Biblia buscando respuestas. Después de siete años de continuo crecimiento, recibí una carta de los dirigentes de nuestra iglesia en la que me preguntaban si consideraría la posibilidad de enseñar a un pequeño grupo de mujeres como parte de un recién creado ministerio para mujeres. Yo nunca había dado una clase bíblica, pero había estudiado a las mujeres en la Biblia durante esos siete años, de manera que, con el estímulo de Jim, acepté enseñar y, como Josué, me enfrenté con mi reto.

¡Dios fue muuuuy bueno! No había más que seis mujeres en la clase, así que no me sentí intimidada. En la siguiente sesión, me pidieron que enseñase el mismo material en otro taller. Puesto que había sido fuerte, valerosa y obediente al primer llamamiento para maestras, me sentí menos reacia a aceptar el segundo curso de enseñanza. Pero, a pesar de eso, siguió siendo un reto porque, en esta ocasión, ¡había sesenta mujeres! Y las oportunidades que puso Dios en mi camino progresaron a partir de ahí. Si alguien me hubiese dicho cuando era una recién convertida que, con el tiempo, la voluntad de Dios para mi vida incluiría escribir y hablar a mujeres por todo el país y alrededor del mundo en diecisiete idiomas diferentes, ¡no sé si me hubiese reído o si me hubiese desmayado!

La asombrosa voluntad de Dios

Basándote en mi historia, entenderás por qué me encanta Romanos 12:2, que es una clave para entender lo que significa seguir a Dios con todo tu corazón.

- Primero lo negativo: "No os conforméis a este siglo...".
- Luego lo positivo: "...sino transformados por medio de la renovación de vuestro entendimiento...".
- El resultado de tus esfuerzos: "...para que comprobéis cuál es la buena voluntad de Dios, agradable y perfecta".

¡Qué emocionante! Conocer y poner en práctica la voluntad de Dios es lo que todo cristiano desea y sueña. Es para lo que vivimos y donde queremos estar: ¡justo en el centro de la asombrosa voluntad de Dios! ¿Qué podemos aprender de este versículo acerca de la voluntad del Padre?

La voluntad de Dios es buena. Romanos 12:2 habla de comprobar (o probar) la voluntad de Dios. Probar algo significa, lógicamente, someterlo a prueba, afirmarlo. Cuando se trata de la voluntad de Dios, los creyentes no la ponen a prueba y la rechazan por ser mala o por no ser totalmente perfecta. No, más bién, se nos asegura que si la ponemos a prueba, descubriremos que es buena, agradable y perfecta. ¡Eso es todo!

> *Tu mente se renueva cuando decides creer en la verdad de Dios, sean cuales fuesen tus pensamientos, tu punto de vista, tus sentimientos y tus emociones.*

La voluntad de Dios para ti refleja uno de sus asombrosos atributos: su bondad. Tú tienes un buen Dios. Su voluntad en tu vida y para ti es siempre buena. Eso siempre ha sido así. Es la verdad. Puedes contar con ello. Lo que estás pasando puede dar la impresión de ser o hacerte daño, pero no lo es en realidad. No lo puede ser porque, como parte de la voluntad de Dios, es bueno. ¡Lo dice en Romanos 12:2!

Puedes renovar tu mente con esta verdad, con esta promesa, con este hecho, con esta certeza y seguridad. Puedes incluso decirle a Dios: "Señor, según mi punto de vista, esto no me parece muy bueno y no cabe duda que no sienta bien. Pero tu Palabra dice que es bueno, y que el bien resultará de ello, así que decido creer en tu Palabra por encima de lo que yo pienso y siento". Es así como renuevas tu mente, es así de sencillo. *Decides pensar la verdad de Dios*, en lugar de sucumbir a tus pensamientos, tu punto de vista, tus sentimientos y emociones. Crees que tienes un buen Dios que hace que todas las cosas, incluida su voluntad, obren para tu bien (Ro. 8:28).

La voluntad de Dios es agradable. ¡Qué palabra tan preciosa *agradable*! La voluntad de Dios es buena y agradable. A Él le complace que hagas su voluntad. Tal vez será raro pensar en que podemos agradar a Dios… ¡Pero es cierto!

La voluntad de Dios es perfecta. Las personas están siempre buscando la perfección, y en la voluntad de Dios la encontramos. Su voluntad no necesita mejora alguna porque ya es perfecta. Al igual que su bondad, Dios es también infalible y puro —perfecto—. Él nunca puede cometer una equivocación, y en Él no hay ningún mal, porque *Él* es perfecto, y *su voluntad* es perfecta.

Entender la voluntad de Dios

La voluntad de Dios es un elemento vital a la hora de seguirlo y, por lo tanto, es preciso que la entendamos mejor.

La voluntad de Dios comienza cuando renuevas tu mente. Lee varias veces las palabras que están abajo y síguelas en tu mente. Fíjate en que cada uno de los pasos que das para vivir conforme a la voluntad de Dios afecta al próximo:

> Cuando nuestras mentes son transformadas,
> nuestra manera de pensar, nuestro razonamiento
> y nuestra comprensión espiritual pueden juzgar
> todo de manera correcta.
> Por consiguiente, aceptamos para nuestras vidas
> y conducta solo lo que se conforma a la
> buena voluntad de Dios, agradable y perfecta.
> Luego demostramos esa voluntad eligiendo y
> haciendo solo lo que es bueno, y agradable y
> perfecto para Él.

La voluntad de Dios da sentido a tu vida. La vida tiene poco o ningún sentido sin entender que Dios tiene un plan y un propósito para cada uno. Cuando el profeta Jeremías estaba a punto de embarcarse en una vida de ministerio difícil, Dios lo animó diciéndole: "Antes que te formase en el vientre te conocí, y antes que nacieses te santifiqué, te di por profeta a las naciones" (Jer. 1:5). La voluntad de Dios puede servir como un ancla y dar significado, dirección y sentido a tu vida. Cuenta con la voluntad de Dios siempre que te sientas incapaz ante una difícil situación.

> *La voluntad de Dios renueva tu mente, da sentido a tu vida, es única para ti, requiere paciencia y te llama a la obediencia.*

La voluntad de Dios es única para ti. Si todavía no te has dado cuenta de ello, eres muy, muy especial para Dios. Él te ha creado, te ha escogido. Te ama y ha preparado un propósito especial para tu vida. Te ha dado una personalidad única, una experiencia única en la vida. También te ha dado una serie de dones espirituales únicos, para ser usados para Dios de una manera que es totalmente única (1 Co. 12:4-11). Darte cuenta de que Dios tiene un propósito especial para ti es un gran antídoto para no sentirte desanimada, incapaz o temerosa.

La voluntad de Dios requiere paciencia. La voluntad de Dios no está oculta, pero puede llevar tiempo descubrirla. Después de decidir seguir a Cristo, acepté fielmente las responsabilidades, los retos y las oportunidades tal como se presentaron, empezando con ser una esposa y una madre piadosa. No te preocupes respecto a lo que estarás haciendo dentro de diez años a partir de hoy. Limítate a mirar a tu alrededor y a preguntar: ¿Dónde estoy hoy? Tu tarea para hoy es ser fiel donde te encuentras en estos momentos. Lo que Dios permite que hagas hoy es su voluntad, y el resto te será revelado en el momento oportuno —de hecho, con cada nuevo amanecer—. Disfruta el lugar donde te encuentras, mientras esperas con paciencia que se abra totalmente la flor de su voluntad.

La voluntad de Dios requiere obediencia. Descubrir y llevar a cabo la voluntad de Dios para tu vida ahora comienza con aceptar y seguir, de manera obediente, su propósito revelado para ti. ¿Cómo sabrás la voluntad de Dios para mañana si no obedeces la que es para hoy? Así que, solo por hoy, síguelo con todo tu corazón, lo mejor que puedas, justo donde te encuentras, haciendo fielmente lo que te pide que hagas en este momento, en esta hora, en este día. Luego da un paso atrás y contempla cuando Dios te revele el próximo magnífico paso hacia su gran propósito para ti.

Encontrar la voluntad de Dios

¿Cómo encuentras la voluntad de Dios? ¿Y qué puedes hacer que te ayude a conocer mejor su voluntad, a creer de verdad que estás en ella y a ponerla en práctica con gran entusiasmo? Algunos de los siguientes pasos podrán dar la impresión de ser obvios y tal vez te suenen repetidos, pero son el camino seguro de Dios al centro de su voluntad.

Empieza con la Palabra de Dios. Es mi esperanza que le permitas a la Palabra de Dios ocupar un puesto real en tu día, tu tiempo, tus pensamientos, tus sueños, tus objetivos y tu corazón. Te aconsejo sinceramente que no tomes nunca una decisión si has pasado más de veinticuatro horas alejada de la Palabra de Dios.

Piensa en lo siguiente. Te vas a la cama y duermes un número de horas (al menos eso espero). Te despiertas sintiéndote un poco atontada, como si estuvieses grogui o sonámbula, y te tambaleas hacia la cafetera o la tetera. Desde el punto de vista físico, tienes que comenzar de nuevo cada mañana. Este año he intentado introducir una nueva disciplina cuando me levanto (¡incluso antecede al café!). Lo primero que hago es beberme medio litro de agua porque, en una ocasión, leí que el cerebro es setenta y cinco por ciento agua, y que el agua hace que el cerebro y tu cuerpo se pongan en funcionamiento.

Lo mismo se aplica a tu vida espiritual. Cada mañana estás espiritualmente atontada, de manera que, en cada nuevo amanecer, necesitas empezar de nuevo en tu caminar con Dios. Afrontémoslo, ¡has estado durmiendo! Por eso, igual que con el primer sorbo de agua, tú refrescas tu mente y tu corazón con la mente y el corazón de Dios. Necesitas su fortaleza renovadora y su agilidad. Eso fue lo que dijo el rey David: "Dios, Dios mío eres tú; de madrugada te buscaré; mi alma tiene sed de ti, mi carne te anhela, en tierra seca y árida donde no hay aguas" (Sal. 63:1). Tu necesidad de Dios todos los días es igual que la necesidad que tiene tu cuerpo de agua. Puede que no sepas cuál es la voluntad de Dios para mañana, pero al leer y estudiar la Palabra de Dios, tienes su voluntad revelada para hoy.

¡No te olvides de orar! Yo tengo otro principio como guía: no tomes nunca una decisión sin orar. He compartido en algunos de mis libros la importancia que tiene la oración a la hora de tomar decisiones.[2] Antes de tomar alguna decisión, escribo una nota en papel sobre el asunto y pido en oración la respuesta a cuatro preguntas, que espero me dirija o me mantenga en el centro de la voluntad de Dios.

Las dos primeras preguntas tienen que ver con motivos, tanto buenos como malos.

- ¿Por qué haría esto?
- ¿Por qué no lo haría?

Estas dos próximas preguntas tienen que ver con convicciones basadas en la Biblia.

- ¿Por qué debería hacer esto?
- ¿Por qué no debería hacerlo?

Me encantó leer la biografía de John Elliot, un misionero al que mataron aquellos a los que él deseaba ministrar en Sudamérica. Me enteré que, en la escuela secundaria, sintió el llamamiento de Dios para servirle en el campo misionero. Finalmente, aunque todas las piezas cayeron en su sitio para él, para asegurarse de su llamado, se pasó diez días estudiando la Biblia intensamente y orando, buscando la confirmación de que era, efectivamente, la voluntad de Dios y no la suya.

El estudio de la Biblia y la oración. Antes de que sigamos adelante, piensa en estos dos primeros pasos y cómo afectan tus opciones. Decide apartar tiempo para tomar una decisión. Cuanto más importante sea la decisión, tanto más tiempo se merecerá. Cuanto más estés en la Palabra de Dios, tanto más tu mente se encontrará en armonía con la mente de Dios, para pensar en las cosas de la misma manera que Él lo hace. Y cuanto más pienses como Dios, más verás las cosas tal como Él las ve. Esto te permitirá sentirte más segura acerca de que tomas sus decisiones y no las tuyas. La oración y el estudio de la Biblia son de vital importancia a la hora de descubrir la voluntad de Dios y seguir su dirección.

Como precaución, pide consejo. Es posible que pienses: *Si he leído la Biblia y he orado, ¿por qué tengo que buscar consejo?* La verdad es que la respuesta tiene que ver con el corazón, con tu corazón. Dios tiene lo siguiente que decir: "Engañoso es el corazón mas que todas las cosas, y perverso; ¿quién lo conocerá?" (Jer. 17:9). Resulta escandaloso darnos cuenta de que, como creyentes, podemos leer la Biblia y orar, y seguir queriendo lo que queremos. Y podemos tergiversar y ver las Escrituras obligándolas a decir o a apoyar lo que nosotros queremos oír o tolerar. Incluso, después de consultar a Dios, a veces tomamos decisiones que nos complacen a nosotros, no a Él. Al pedir consejo, escuchas un punto de vista más objetivo. Le puedes preguntar a tu marido, a tu pastor, a un anciano de la iglesia, a un mentor o a una mujer cristiana madura. Pregúntale a alguien que sea sabio y en quien confíes. Creo firmemente en tener un grupo central de consejeros a los que les pueda pedir opinión y expresarles mis decisiones e ideas.

Ten en cuenta tu vida personal. Formúlate estas preguntas: "¿Es este un buen uso de mi tiempo, mi dinero o mis energías? ¿Es este el momento oportuno?". Como sabes, solo disponemos de un tiempo determinado, de un dinero determinado y de unas energías determinadas. A veces ya no te queda suficiente para lo que estás pensando, o el tiempo se acabó, o es el momento equivocado para la clase de compromiso en el que estás pensando. Ve más allá y pregúntate: "¿Glorificará esto a Dios? ¿Es así como Dios quisiera que invirtiese mi tiempo, mi dinero y mis energías? ¿Es esta una causa santa?". Las preguntas como estas te ayudarán a descubrir los temas fundacionales detrás de las decisiones que quieres tomar.

Hacer la voluntad de Dios

De todas las decisiones, ¡esta es la decisión por excelencia! Decide hacer la voluntad de Dios por encima de todo lo que sientas o temas, quieras o no quieras, hayas o no experimentado, sea bueno o malo. Puedes estudiar la Biblia de principio a fin, pasar semanas enteras orando, pedir consejo a un sinnúmero de personas, examinar tu propio corazón y *a pesar de ello* decir: "Es que tuve una mala experiencia la última vez que intenté esto o aquello. Dije que nunca más lo haría, así que no lo voy a hacer". Sin embargo, si Dios te indica que debes hacer algo, ¡entonces hazlo! Es mejor estar en su voluntad y pasar por algunos sufrimientos o sentirse en aprietos, que estar fuera de su buena, agradable y perfecta voluntad. ¡No te pierdas el gran propósito de Dios para ti! Cuando Él te use, tendrás sus gloriosas recompensas. No te pierdas sus bendiciones, que reciben aquellos que hacen su voluntad, solo por querer sentirte cómoda o segura. Haz la voluntad de Dios con todo tu corazón.

Esperar descubrir la voluntad de Dios

La voluntad de Dios es como una flor de primavera, que se abre gradualmente al ir avanzando el día. El proceso comienza donde tú estás y con lo que sabes o estás aprendiendo de la Biblia. Mientras esperas la manifestación del futuro y de lo que *no* sabes, sé fiel a lo que *sí* sabes. Aquí tienes varias preguntas que te ayudarán a empezar a ver la voluntad de Dios, mientras te esfuerzas por ser obediente a lo que sabes que enseñan las Escrituras sobre llevar una vida santa hoy.

- *La voluntad de Dios es* que vengas al arrepentimiento (2 P. 3:9). ¿Lo has hecho?
- *La voluntad de Dios es* que seas conforme a la imagen de su Hijo (Ro. 8:29). ¿Necesitas que se produzcan ciertos cambios en ti?
- *La voluntad de Dios es* —si estás casada— que ames y respetes a tu marido (Ef. 5:22-33). ¿Qué tal te va en ese sentido?
- *La voluntad de Dios es* —si tienes hijos— que te ocupes de ellos y que les enseñes la vida espiritual (Ef. 6:4 y Dt. 6:5-7). ¿Cómo puntuarías tu actuación como madre?
- *La voluntad de Dios es* que te mantengas pura (1 Ts. 4:4). ¿Qué es preciso hacer para asegurarte de que así sea?
- *La voluntad de Dios es* que seas su testigo (Hch. 1:8). ¿Lo eres efectivamente? Si no es así, ¿qué necesitas hacer?

Un paso adelante

Cuando sigues a Dios y haces su voluntad, suceden dos cosas fenomenales. Primero, hacer la voluntad de Dios demuestra repetidamente que es bueno, perfecto y agradable hacerla. Segundo, te trae beneficios. Hacer la voluntad de Dios hace que tengas paz en tu mente porque Él es el que tiene el control. Te encuentras donde se supone que debes estar, haciendo lo que se supone que debes estar haciendo. No tienes que preocuparte de si estás o no estás haciendo lo correcto, o si estás pasando tu tiempo y tu vida en aquellas cosas que son correctas.

Seguir adelante, haciendo la voluntad de Dios, permitirá que tu confianza vaya en aumento, que crezca y florezca, porque es Él quien tiene el control. Eres la mujer excepcional de Dios, así que puedes seguir con tus obligaciones, ocuparte de tus responsabilidades, ir a tus citas y acontecimientos, enfrentarte con la consulta del médico o una operación, con absoluta seguridad de que en tu vida se están produciendo pocas equivocaciones. Aunque no eres perfecta —ningún ser humano lo es—, estás buscando de manera diligente estar en la voluntad de Dios y vivir en ella. Y eso es *bueno, agradable y perfecto.*

Sección 4

Cómo ser una mujer humilde

Oh, quisiera salvarme de mí mismo,
querido Señor.
Oh, quisiera poder perderme en ti.
Que no sea más yo, sino Cristo que vive en mí.

A. B. Simpson

13

Poner el fundamento de la humildad

Igualmente, jóvenes, estad sujetos a los ancianos;
y todos, sumisos unos a otros, revestíos de humildad;
porque: Dios resiste a los soberbios,
y da gracia a los humildes.
Humillaos, pues, bajo la poderosa mano de Dios,
para que él os exalte cuando fuere tiempo.

1 PEDRO 5:5-6

No hay un solo día en el que no abunden el trabajo, las actividades, las obligaciones, los retos y las responsabilidades que requieren una fidelidad inamovible, para levantarse de la cama y continuar con el fin de cumplir el llamamiento de Dios y seguirlo fielmente, con todo lo que tengo y lo que Él, en su gracia, provee. Al sortear los problemas, me enfrento al mismo tiempo con mi más importante reto del día y me ocupo de las continuas pruebas y sorpresas ocasionales que aparecen en el camino, para lo cual necesito la ayuda y el poder de Dios.

Por eso escribo este libro y comparto versículos de la Biblia que me conmueven y me motivan a seguir a Dios de todo corazón. Las verdades y las promesas bíblicas me dan la fuerza, el valor y el poder para seguir adelante y correr tras Dios, poniendo en práctica su voluntad y el plan que tiene para mí.

Descubrir una nueva clase de poder

En 1 Pedro 5:5-6, nos encontramos con una sorpresa, y es posible que te quedes tan sorprendida como me quedé yo cuando estos versículos y el mensaje que contienen me causaron un profundo impacto. ¿Qué fue lo que me atrajo de este par de versículos? Para empezar, me encanta la promesa al final del versículo 6. Eso fue lo primero que captó mi atención. Sin embargo, el versículo 6 no está solo, sino que va precedido por el 5 y sus instrucciones:

> 5 Igualmente, jóvenes, estad sujetos a los ancianos; y todos, sumisos unos a otros, revestíos de humildad; porque: Dios resiste a los soberbios, y da gracia a los humildes.
>
> 6 Humillaos, pues, bajo la poderosa mano de Dios, para que él os exalte cuando fuere tiempo.

En estos versículos, descubrimos una cualidad muy diferente —de hecho, es totalmente contrario— de la fuerza, el poder y el valor que hemos destacado hasta el momento. En realidad, esta es una clase nueva de poder. Estos versículos y la virtud que alaban —*humildad*— pueden considerarse como el aspecto ideal de la fuerza. Lee de nuevo estos dos pasajes de las Escrituras y fíjate en que:

- Somos llamadas a ser sumisas.
- Se nos dice que debemos vestirnos con humildad.
- Se nos instruye que seamos humildes.

Junto con estas virtudes, Pedro nos dice además que debemos tener un espíritu afable y apacible (1 P. 3:4).

¿Cómo podemos nosotras, como mujeres de Dios, captar el poder que necesitamos para seguir adelante con valor y atrevimiento, de cara al futuro que Él nos tiene preparado, al mismo tiempo

que alimentamos y conservamos la cualidad del "espíritu afable y apacible"? Eso era algo que yo me preguntaba. La respuesta se encuentra en la humildad. Como nos ha hecho notar San Agustín: "Si planeas construir un edificio de virtudes, lo primero que tienes que hacer es poner un fundamento profundo de humildad".

La humildad, la gran virtud de Dios

La humildad es, de hecho, una actitud. La postura de humildad del corazón es la flor de todas las actitudes que Dios desea en nosotras como sus mujeres —mujeres que lo amamos muchísimo y que deseamos seguirlo completamente—. Siendo alimentada en el corazón y en la mente, la humildad es una parte importante en cuanto a parecernos a Cristo. Jesús dijo: "...aprended de mí, que soy manso y *humilde* de corazón..." (Mt. 11:29). Así que nos enteramos de que Jesús fue manso y humilde. Filipenses 2:8 dice: "...se humilló a sí mismo, haciéndose obediente hasta la muerte, y muerte de cruz".

¡Pero hay más! Unos pocos versículos antes de Filipenses 2:8 advierten a todos los creyentes: "...con *humildad*, estimando cada uno a los demás como superiores a él mismo" (v. 3). En el versículo 5, se nos dice: "Haya, pues, en *vosotros* este sentir que hubo también en Cristo Jesús".

Teniendo en cuenta la humildad de Cristo, veamos lo que implica ser una persona humilde —es decir, ser como Jesús.

Examinar el plan de Dios para ti

En 1 Pedro, uno de los libros de la Biblia que fue escrito por Pedro, uno de los doce discípulos originales de Jesús, encontramos *mucha* información basada en todo el tiempo que pasó en la presencia del Maestro. (¡Imagínatelo caminando y hablando con Jesús, observándolo durante tres años!). El apóstol se refiere una y otra vez a su conocimiento personal de Cristo.

¡Pedro tiene mucho que compartir! Pero ¿con quién? Él escribió esta epístola a los creyentes en Cristo que estaban exiliados. Eran cristianos que vivían en un mundo que no era cristiano (¡como nosotras hoy!). Estos cristianos dispersos estaban sufriendo (¡nosotras de nuevo!). Pedro les escribió con el fin de exhortarlos, consolarlos y animarlos. Deseaba guiarlos respecto a cómo vivir la vida cristiana en circunstancias difíciles (¡qué epístola tan oportuna para hoy!).

Para cuando Pedro llega al capítulo 5, ya ha enseñado muchas cosas a los creyentes —incluyéndote a ti y a mí— acerca de nuestra relación con Dios y con el prójimo. En el capítulo 5, vuelve a hablar de nuestras relaciones en la iglesia. Después de dirigirse a los ancianos responsables y a los hombres jóvenes, vuelve su atención a "todos vosotros" —lo cual nos incluye a nosotras—. Pedro nos dice unas cuantas cosas acerca del plan de Dios para nosotras y algo que podemos y debemos aplicar a nuestras vidas.

> "...y todos, sumisos unos a otros, revestíos
> de humildad..." (v. 5)

Tres acciones que fomentan la humildad

Según Pedro, hay tres acciones que crean un fundamento y que, con el tiempo, caracterizan la humildad del cristiano.

1. *Decide ceder ante otros.* Esta primera acción hacia la humildad está representada en las palabras de Pedro: "...sumisos unos a otros...". Este versículo es uno de los famosos "unos a otros" de la Biblia y requiere la acción que favorece a otras personas. Por favor, fíjate que la humildad y la sumisión *no* son parte del fruto del Espíritu reconocido en Gálatas 5:22-23. La humildad y la sumisión no son actitudes o características que recibimos de manera automática cuando confiamos en Cristo. Humillarnos y someternos es algo que debemos hacer nosotras mismas con la gracia de Dios. De modo que el mejor primer paso que puedes dar

es fijarte un objetivo, el de fomentar la humildad. De hecho, Dios fijó este objetivo para ti. Primera de Pedro 5:5 es un mandamiento que requiere obediencia. Para adquirir la humildad y la sumisión, debemos practicarla y crecer en ella.

> *Podemos someternos —doblegarnos—, porque no hay duda de que no nos vamos a romper, aunque a veces pueda dar esa impresión.*

Y por favor no te pierdas esto: hay una sensación de esperanza en las instrucciones de Dios respecto a ceder ante otros. Jesús fue un modelo de sumisión y humildad para nosotros. ¡Eso es realmente extraordinario! Significa que tú y yo, tomando una simple decisión y obedeciendo a un sencillo mandamiento, ¡seremos más como Jesús! Y aquí tenemos otro destello de esperanza. Debido a que es un mandamiento, Dios nos concede la *habilidad* de reaccionar, de llevar a cabo y de desarrollar estas cualidades en nuestras vidas. Él no nos pide que hagamos nada sin antes proveer la manera en que podamos tener éxito.

¿Qué es la sumisión exactamente? Es mostrar deferencia a otros, lo cual requiere saber cumplir órdenes. Otra definición es "doblegarnos". Podemos someternos —doblegarnos— porque no hay duda de que no nos vamos a romper, aunque a veces puede dar esa impresión. El objetivo de la sumisión es poder encajar en los planes o la dirección de otro. Es ser la persona apropiada o encajar en el estilo de vida de otra persona, lo cual incluye adaptar nuestra manera a la manera de otros, subordinándonos a sus propósitos y concediendo a la otra persona más autoridad o gracia.

La mejor ilustración de alguien dispuesto a encajar y a doblegarse al estilo de vida de otra persona y sus planes fue Jesús. Esto fue evidente ya al principio de su vida. He aquí una escena en Lucas 2:41-52:

> Jesús tenía doce años, a lo mejor trece, y era un adolescente. Después de un peregrinaje anual con su familia al templo para observar la Pascua, sus padres no lo podían encontrar. Faltaba de la caravana que se dirigía a casa. Cuando sus padres desandaron el camino, encontraron que Jesús estaba todavía en Jerusalén, en el templo, hablando con los eruditos. María, su madre, le echó una pequeña regañina, pero Jesús le recordó quién era y cuáles eran sus negocios en la Tierra, diciéndole básicamente: "No te olvides de que soy Dios y estoy aquí para hacer los negocios de mi Padre".

¿Cómo acabó esta escena? En el versículo 51, averiguamos que "...[Jesús] descendió con ellos, y volvió a Nazaret, y les estaba sujeto...". Piensa en ello. Jesucristo, Dios en la carne, el Hijo de Dios, se sometió voluntariamente a la autoridad humana de sus padres. Defirió a ellos, encajando con sus planes y su dirección. Escogió complacer a sus padres y conformarse a su estilo de vida.

Hace algún tiempo, vino a verme una madre para hablarme sobre su hijo adolescente. Me informó: "Bien, mi hijo tiene trece años. ¡Ha sucedido! Es un auténtico adolescente. Ahora se va a su cuarto, da un portazo y, de repente, no quiere tener nada que ver con nosotros. Se niega a hacer ninguna de sus tareas y a comer con la familia". Le di esta referencia de la vida de Jesús en Lucas 2 y le sugerí que la compartiese con su hijo. Estoy segura de que los resultados debieron de ser interesantes.

2. *Decide someterte.* Pedro dijo: "...sumisos unos a otros...". Debemos someternos *nosotras mismas.* Cuando se trata de la sumisión y de la deferencia, nadie puede obligarte a hacerlo. Tu pastor no puede hacerlo, tu marido tampoco, un consejero no puede hacerlo, tus padres no pueden hacerlo, ni tampoco la

iglesia. Ni siquiera tus mejores amigas pueden hacerlo, porque la sumisión es una decisión total y completamente personal. Eres tú la que *decide* si debes someterte.

Recuerda que deferir a otros es una actitud, y es ahí donde entra en juego tu manera de pensar. Por lo tanto, debemos estar siempre mentalmente dispuestas a someternos y a servir a otros de buena gana. El Dr. Charles Ryrie escribe: "El cristianismo convirtió la humildad en una de las principales virtudes". Luego explica la actitud: "Es una actitud de la mente, que se da cuenta de que uno no tiene razón alguna por tener distinción ante los ojos de Dios".[1] Hasta la muerte de Cristo, la humildad era algo de lo que acostumbraban hacer burla, especialmente los griegos, que eran prominentes en esa época. De repente, con la expansión del cristianismo, se convirtió en la preciosa flor de todas las virtudes para los cristianos.

3. *Elige considerar a los demás como superiores a ti misma*. La sumisión es, al mismo tiempo, un término militar que significa "grado inferior", es decir, el soldado decide someterse a las órdenes de los oficiales. Al igual que el soldado, tú y yo *decidimos* colocarnos voluntariamente por debajo de otras personas.

En todo el libro de 1 Pedro, se mencionan veinte o más categorías o aspectos de la sumisión para los creyentes, pero a pesar de ello, cuando nosotros los cristianos pensamos en la sumisión, tenemos tendencia a pensar, principalmente, en la esposa y su relación con el marido. Es cierto que Pedro habla acerca de esto en 1 Pedro 3:1-6. Al igual que todas las virtudes que Dios desea que tengamos, la humildad empieza en la casa con los hijos que se someten a los padres, de la misma manera que lo hizo Jesús y ese muchacho adolescente que tenía una madre preocupada. Pero no acaba con la sumisión de los hijos a los padres ni de las esposas a los maridos. Es preciso que ampliemos nuestros horizontes cuando se trata de la sumisión. Es preciso que dejemos de lado nuestra tendencia a resistir o a mostrarnos agresivas, o a reaccionar en contra del mandamiento de Dios de que debemos tener un estilo de vida de humilde sumisión. He oído a mujeres decir: "¿Sumisión? Ah, ¿quieres decirme que debo someterme a mi marido? ¡Qué maldición!".

Todos los cristianos —sí, Pedro dice: "...y todos, sumisos unos a otros..."— nos sometemos en más de veinte casos, circunstancias y situaciones que él menciona. Someterte a tu marido es *una* sola persona de la lista, si eso ayuda a poner en perspectiva la humildad. La sumisión se aplica a cada uno de los creyentes: "Someteos unos a otros en el temor de Dios" (Ef. 5:21). Y no es algo que se acaba al llegar frente a la puerta de tu casa. Esta actitud y decisión de deferir a otros se extiende a la iglesia, el gobierno, la sociedad, los jefes, la escuela y el mundo.

A buen entendedor...

¿Y si tratamos la controversia sobre la sumisión? Incluyendo la exhortación en 1 Pedro 3:1 a las esposas de "estad sujetas a vuestros maridos", el Nuevo Testamento menciona esta actitud y decisión cinco veces más.[2] Como esposa he preguntado una y otra vez: "¿Qué significa esto? ¿Qué impresión produce esto?". Y eso me lleva de vuelta a la definición de la sumisión: "Considerarse a una misma por debajo de las demás personas". Otra definición es la que aparece en *Creative Counterpart* [El equivalente creativo], de Linda Dillow. Un día Linda le preguntó a su esposo, el Dr. Joseph Dillow, un respetado y ex miembro de la facultad del Seminario Teológico de Dallas, algo parecido a esto: "Cariño, según tu estudio de la Biblia, ¿qué significado tiene para ti la sumisión?". Del extraordinario y amplio conocimiento de la Biblia, el Dr. Dillow lo resumió en dos palabras: "Ninguna resistencia". ¡Qué fuerte!

En el próximo capítulo, veremos por qué esta es una gran definición de lo que Pedro nos enseña al decir: "...todos, sumisos unos a otros...". Es así como funciona la sumisión en el matrimonio. Yo debo ser sumisa a Jim. Sí, Jim se encuentra en una categoría especial como mi marido, y Dios habla directamente acerca de esa relación. Pero Jim es una parte de los muchos "unos a otros" a los que debemos ser sumisos. Descubrí que una vez que aprendí a seguir el liderazgo de mi marido y a colocar un sólido fundamento de humildad en el hogar, resultó mucho más fácil extender esa actitud al resto de las personas.

Un paso adelante

Detente un momento y considera lo que significa seguir a Dios con todo tu corazón. Estoy segura de que estarás de acuerdo conmigo en que el amor y la devoción son de vital importancia en cuanto a seguir a Dios de todo corazón y con todo entusiasmo. Estas palabras descriptivas descartan automáticamente todo lo contrario, como seguirlo de manera indiferente o tibia. Resulta fácil ir a trancas y barrancas en lo que se refiere a nuestras alianzas con el Señor y al amor que le tenemos. Es siempre más fácil quedarnos atrás y hacer las cosas a medias, valernos de alternativas, dejarnos desviar o demorar la obediencia, en lugar de dedicarnos apasionadamente a la voluntad revelada de Dios. ¿Cuál es su voluntad? Como lo expresó el apóstol: "...extendiéndome a lo que está delante, prosigo a la meta, al premio del supremo llamamiento de Dios en Cristo Jesús" (Fil. 3:13-14).

> *Aprende sumisión de tu manso, humilde, maravilloso y perfecto Señor Jesús.*

Nosotras hemos sido llamadas a una obediencia completa, instantánea y total a todo lo que Dios nos pide. Oímos de labios de Jesús: "Si me amáis, guardad mis mandamientos" (Jn. 14:15). Él también dijo: "El que tiene mis mandamientos, y los guarda, ése es el que me ama... El que me ama, mi palabra guardará..." (vv. 21 y 23).

Seguir a Dios con todo tu corazón requiere humildad, y sucede que la humildad no se puede nunca conseguir sin la sumisión, sin humillarnos. El orgullo, que es todo lo contrario a la humildad, no puede y no seguirá a Dios ni a nadie más, porque el orgullo no soñaría jamás con someterse. Además: "…Dios resiste a los soberbios [orgullosos]…" (Stg. 4:6).

Por favor, no luches con Dios. Si lo haces, ¡perderás! Está dispuesta a doblegarte, a ser flexible y someterte a los mandamientos de Dios y a las personas que Él pone en tu camino, a quienes te pide que respetes. ¡Puedes hacerlo! Toda la gracia de Dios está a tu disposición. Aprende sumisión de tu manso, humilde, maravilloso y perfecto Señor Jesús. En estos días de confusión acerca de la complacencia y el desprecio respecto a la humildad, lee la Biblia para hallar en ella el fundamento sólido de la verdadera humildad. Sus verdades también pondrán orden cuando se produzca el caos según lo que Dios desea para ti como mujer que anhela seguirlo con todo su corazón.

Dios tiene dos tronos,
uno en lo más elevado de los cielos,
el otro en el más modesto corazón.

D. L. Moody

14

Tener un corazón humilde

Igualmente, jóvenes, estad sujetos a los ancianos;
y todos, sumisos unos a otros, revestíos de humildad;
porque: Dios resiste a los soberbios,
y da gracia a los humildes.
Humillaos, pues, bajo la poderosa mano de Dios,
para que él os exalte cuando fuere tiempo.

1 Pedro 5:5-6

El año pasado, nos invitaron a Jim y a mí a un país de habla hispana para una oportunidad especial de ministerio. La organización que lo patrocinaba se mostró tan emocionada y alentadora que aceptamos su invitación y nos embarcamos en lo que resultó ser un viaje conmovedor. El viaje transcurrió sin incidentes (¡gracias a Dios!), pero lo que sucedió desde el momento en que llegamos fue increíble.

Primero, fuimos escoltados como "dignatarios visitantes" al pasar por inmigración, lo cual significó no tener que hacer colas, ni ser sometidos a registros ni preguntas. Después, mientras esperábamos nuestro equipaje en la sala para personas importantes, nos informaron que la esposa del Presidente del país quería conocernos esa tarde. Fue entonces cuando recibimos esa tan temida noticia para el viajero, especialmente en un país extranjero: "Su equipaje se ha perdido".

Pero eso no fue problema para nuestros anfitriones. Mientras nuestro grupo nos llevó al hotel, otro grupo tomó la medida de nuestra ropa, fue a los almacenes locales y, para cuando nos disponíamos a ir al palacio presidencial, llevábamos puestas prendas nuevas de los pies a la cabeza. Y esa no es ni siquiera la mejor parte de nuestra historia.

Cuando llegamos al palacio, fuimos recibidos por guardias uniformados y una serie de asistentes que nos condujeron a lo largo de un laberinto de pasillos por la parte de atrás para llevarnos a una cómoda sala de estar donde conocimos a la Primera Dama del país. No podíamos ignorar el hecho de que ella era una persona muy importante. La guardia se mantuvo perfectamente visible desde el momento en que llegamos hasta que nos marchamos de los terrenos del palacio. Cuando esta maravillosa mujer, Jim y yo empezamos a hablar de nuestras familias, ella y yo incluso derramamos unas cuantas lágrimas juntas. Me sentí increíblemente impresionada por su dulce y humilde espíritu. Me informó ardientemente acerca de cómo Dios había usado varios de mis libros en su vida y me animó a que continuase escribiendo libros de ayuda para cristianos. Además me pidió perdón por no poder asistir a la conferencia en la que yo iba a hablar. Deseaba participar de todo corazón en este acontecimiento para mujeres de la nación, pero debido al puesto que ocupaba, sentía que su presencia produciría demasiado revuelo. La sumisión como principio de la humildad

La sumisión es básica para el cristianismo. Es el fundamento de las relaciones, de la vida en la iglesia, de la unidad, de la paz y del progreso.

Cuando Jim y yo salimos de la entrada del palacio con sus guardias armados y sus enormes verjas, le di gracias a Dios por el privilegio de haber conocido a esta encantadora mujer, que estaba llevando la vida de Cristo por medio de sus acciones. Estaba claro que parte de su belleza era el hecho de ser humilde. Mientras escribo este capítulo para comunicar de qué modo la sumisión y la humildad corren paralelas, estoy pensando detenidamente en mi encuentro con ella. ¿Qué fue lo que acentuó la humildad de esta gran mujer? Yo lo vi en su sumisión a Dios como lo primero y lo más importante, pero también era sumisa a su marido y a sus responsabilidades, a los protocolos de su país, a su horario y a su puesto, a sus responsabilidades, por no mencionar que estaba dispuesta a aprender de otros (hasta de mí) leyendo y esforzándose por crecer.

¿Es su humildad el resultado de su espíritu de sumisión o es a la inversa? ¿Es posible que su corazón sumiso cree la humildad que observé en ella? No estoy segura, la humildad es una clase diferente de cualidad. El momento en que crees haberla encontrado, la has perdido, a pesar de que puedes ser la mujer más poderosa en una nación y aún poseer tu dulzura. La verdadera humildad fluye de un corazón humilde y puede ser alimentada hasta el punto de convertirse en algo tan automático que no tienes nunca que pensar conscientemente: *Necesito ser humilde o actuar con humildad en esta situación o con estas personas.*

Por desdicha, en muchos círculos cristianos, la sumisión ha sido equivocadamente identificada, mal entendida y abusada. Con frecuencia se hace referencia a ella como "la palabra S". Esto rebaja la preciosa postura y la manera de pensar de la cooperación sentida y la condescendencia que marca a *todos* los cristianos, tanto hombres como mujeres. La sumisión es básica para el cristianismo. Es el principio —el fundamento— de las relaciones, de la vida en la iglesia, de la unidad, de la paz y del progreso. El subtítulo de este libro es: *Cree y vive el plan que Dios tiene para ti.* Cuando el apóstol Pedro enseñó acerca de la humildad en 1 Pedro 5:5-6, estaba refiriéndose a un plan para la Iglesia: un plan que funciona y se pone de manifiesto como la voluntad de Dios. Cada cristiano, cada miembro del Cuerpo de Cristo, necesita saber y creer que tiene una responsabilidad en la Iglesia y que es preciso que la ponga en práctica de todo corazón para bien de todos, aunque a veces requiera el sacrificio propio y poner a otros antes que uno mismo —actos que precisan de la humildad.

Una historia personal

En el capítulo anterior, finalizamos con una discusión sobre la sumisión en el matrimonio. Examinamos algunas de las muchas instrucciones para que todos los creyentes sean sumisos en las relaciones. Pero ahora, antes de que sigamos adelante, quiero contarte una historia personal.

Yo no acepté a Cristo hasta la edad de veintiocho años. Estaba casada y tenía dos hijas de edad preescolar. Me convertí en creyente en el momento álgido del Movimiento de la Liberación de la Mujer en la década de los setenta. ¿Puedes imaginarte lo que pensé la primera vez que oí decir que debía someterme al liderazgo de mi marido? *¿Yo? ¿Una mujer liberada? ¡De ninguna manera!*

Lo mejor que puedo recordar, habiendo estado casada durante ocho años y más de tres de ser madre, es que mi vida era, en términos generales, desdichada. Claro que hubo algunos buenos momentos, pero básicamente no me sentía feliz, o satisfecha o realizada. No, no tenía ninguna esperanza o guía, hasta que por fin descubrí y abracé a Dios y su Palabra —la Biblia—. ¡Por fin, tuve ayuda *de verdad*, respuestas *de verdad* y la *auténtica verdad*! Devoré la Palabra de Dios y memoricé versículos que me ayudarían en la vida y especialmente en casa.

Cuando me encontré con 1 Pedro 3:1, lo memoricé de inmediato:

> "Asimismo vosotras, mujeres, estad sujetas a vuestros maridos; para que también los que no creen a la palabra, sean ganados sin palabra por la conducta de sus esposas".

Pero eso no era suficiente. Necesitaba saber lo que *significaba* ser sumisa a mi marido, por lo tanto, estudié el versículo. Pensé en ello durante mucho tiempo y muy en serio, intentando descubrir lo que significaba, orando al respecto. Incluso pregunté a otros cristianos lo que pensaban sobre ello. Pero lo más difícil fue descubrir de qué manera aplicar lo que estaba aprendiendo. Así que oré más todavía, siendo el principal deseo de mi corazón hacer cualquier cosa que Dios quisiese de mí, incluso aunque no la entendiera.

Me propuse hacer todo lo que pudiese para seguir a Jim, mi marido, como líder. Al hacerlo, aprendí que la mayoría de las aplicaciones de la sumisión en la casa y en mi matrimonio incluían mis relaciones y los papeles que debía representar también en la iglesia. Debido a años de práctica, de estudio continuo, de haber seguido adelante y de tener un conocimiento cada vez más profundo de lo que hace que se produzca la sumisión, he aprendido a deferir y a servir prácticamente a cualquiera. He aquí mi lista parcial de "S" sacada tanto del pasado como del presente:

- Debo someterme a Dios, a Cristo, al Espíritu Santo y a la Palabra de Dios.
- Debo someterme a mi marido Jim.
- Debo someterme a los líderes de mi iglesia o de cualquier iglesia en la que esté participando en las conferencias donde hablo.
- Debo someterme a todos aquellos que supervisan cualquier ministerio en el que yo participo.
- Debo someterme al director, al decano, al pastor o al presidente que coordine cualquier ministerio en el que hable (y eso incluye a sus asistentes).
- Debo someterme a cualquier líder encargado del coro o de la adoración, y también a sus asistentes.

Como es natural, mi lista va mucho más allá que estos puntos. Por ejemplo, tengo seguro para mi auto porque el gobierno lo requiere. Pago una inspección anual para medir la contaminación de mi auto porque, de nuevo, el gobierno lo requiere. Estoy en esta Tierra y he sido salva por Cristo para servir y seguirlo a Él, además de ser su testigo ante las personas que me rodean. He aprendido cómo someterme a Dios y seguirlo con todo mi corazón, lo cual me llevó a aprender cómo someterme a mi marido, que a su vez me ayudó a aprender lo que requiere y significa someterse a otros.

La sumisión es una acción, es una opción, es un estilo de vida, una actitud. Para que pueda seguir a Dios con todo mi corazón —y para que tú lo sigas con todo el tuyo—, es preciso tener un espíritu de docilidad. Esto es de vital importancia para *todos* los cristianos, hombres y mujeres, líderes y seguidores. Resulta clave para la unidad y para el funcionamiento pacífico de la iglesia. Así que, ¿cómo deseas servir a las personas y a la iglesia? ¿Quieres que te consideren un problema difícil o una persona sumisa que contribuye al bienestar de muchos? ¿Quieres que se te conozcan como una persona de quien dicen: "Hagas lo que hagas, apártate de ella", o como una persona de quien dicen: "Si necesitas que algo se haga, ella lo hará"? La humildad hace la diferencia.

El alcance de la humildad

En el llamamiento de Pedro a todos los cristianos —"todos"— a ser "sumisos unos a otros", él habla acerca del alcance añadiendo otro requisito divino, que es además un medio para cumplir con su primer mandamiento de ser sumisos. Leemos:

"...revestíos de humildad...".

Si te preguntas cómo ser más condescendiente y servicial, Pedro te lo dice. Si bien ya ha dejado claro lo que deben hacer los creyentes —ser sumisos—, ahora pasa a explicar la actitud de humildad del corazón.

La humildad es una actitud hacia otros. Es una actitud de servicio y de ayuda a otros y en presencia de otras personas. "... todos, sumisos unos a otros, revestíos de humildad..." (1 P. 5:5). Al igual que la sumisión, la humildad no se concede como parte de nuestra posición en Cristo ni se obtiene de manera automática durante la salvación. La humildad es una cualidad que desarrollamos al volvernos a Dios para que nos ayude. Revestirnos de humildad es una decisión deliberada.

La humildad es una prenda que debemos ponernos. Al igual que yo, te levantas todos los días, vas a tu armario y a tus cajones, y escoges las prendas que te vas a poner ese día. Necesitamos hacer lo mismo desde el punto de vista espiritual. He aquí una lista parcial de las prendas que aprueba Dios:

- ✓ Vestirse del nuevo hombre (Ef. 4:24).
- ✓ Adornarse de un espíritu afable y apacible (1 P. 3:4).
- ✓ Vestirse de entrañable misericordia, de bondad, de humildad, de mansedumbre, de paciencia (Col. 3:12).
- ✓ Vestirse de amor (Col. 3:14).
- ✓ Adornarse de buenas obras (1 Ti. 2:10).
- ✓ Revestirse de humildad (1 P. 5:5).

¿Qué llevas puesto hoy? Pedro dice: "...revestíos de humildad...". Cíñetelo. Imagínate a ti misma probándote un delantal —el delantal de una sierva—. Lo seleccionamos, lo tomamos, nos lo ponemos alrededor, y nos atamos con él, llevándolo puesto como señal de servicio. Cuando vas de compras y necesitas ayuda en una tienda, ¿buscas a una mujer con un bolso? No, esa sería otra mujer que está comprando. En lugar de eso, buscas a alguien que lleva puesto el delantal de la tienda, una camiseta, un uniforme o una insignia con un nombre que identifique que trabaja allí y puede ayudarte.

Pedro quiere que nosotras nos destaquemos por nuestro "uniforme", por la ropa que llevamos puesta, nuestras prendas de humildad. Nosotras debemos, según palabras de la autora y maestra de la Biblia Jill Briscoe, unirnos a la "orden de la toalla". Al igual que Jesús, que tenía la forma de Dios y era uno con Dios, y ante quien toda rodilla se doblará (Fil. 2:6-11), nosotras debemos servir a otros con humildad. En tal vez la imagen más enternecedora de Jesús en la Biblia, lo vemos lavando los pies a sus discípulos.

> Antes de la fiesta de la Pascua, sabiendo Jesús que su hora había llegado para que pasase de este mundo al Padre, como había amado a los suyos que estaban en el mundo, los amó hasta el fin.
>
> Y cuando cenaban... sabiendo Jesús que el Padre le había dado todas las cosas en las manos, y que había salido de Dios, y a Dios iba, se levantó de la cena, y se quitó su manto, y tomando una toalla, se la ciñó. Luego puso agua en un lebrillo, y comenzó a lavar los pies de los discípulos, y a enjugarlos con la toalla con que estaba ceñido (Jn. 13:1-5).

El lavado de los pies era un trabajo que se encargaba realizar al más bajo de los siervos domésticos. En muy raras ocasiones y solo por completo y absoluto amor, personas de igual categoría —ni hablar de los que eran superiores— lavaban los pies de sus pares. De modo que si bien los discípulos discutieron sobre quién de entre ellos era el mayor (Lc. 22:24), Jesús, el más grande de entre ellos y siendo Dios encarnado, empezó tranquilamente a lavar el polvo, la suciedad y la porquería de sus pies.

El ejemplo de Jesús nos llama a ceñirnos de humildad y servir a otros. Necesitamos envolvernos en las prendas de la humildad, ponernos esta insignia e ir a trabajar, con el fin de cumplir la labor que nos ha asignado Dios de servirnos humildemente los unos a los otros. "Haya, pues, en vosotros este sentir que hubo también en Cristo Jesús" (Fil. 2:5).

La humildad es negarse a una misma. La humildad tiene lugar en la mente. ¿Por qué digo esto? Porque la humildad es tener una mente sumisa (Fil. 2:3). Se nos dice que debemos ceñir los lomos de nuestro entendimiento (1 P. 1:13), que es como arremangarnos para tomar parte en la acción. Es necesario que el proceso de nuestros pensamientos rechace las costumbres del mundo y que conformemos nuestras mentes a cumplir espiritual, mental y físicamente los mandamientos de Dios, haciéndolo de buena gana y con gozo. "Humillaos, pues, bajo la poderosa mano de Dios, para que él os exalte cuando fuere tiempo" (1 P. 5:6).

Dios no nos dice que nos *sintamos* humildes. Ni siquiera nos dice que debemos *orar* para ser humildes (aunque eso no estaría mal y es algo muy bueno). No, nos está diciendo que debemos *actuar* de manera humilde, dar expresión a la humildad. Debemos hacer aquellas cosas que indiquen que *somos* humildes de corazón, como puede ser servir a otros de una manera mansa, recibiendo órdenes de otros y amoldando nuestras vidas a sus arreglos.

Jesús puso en acción sus actitudes de humildad. Estuvo dispuesto y deseoso de servir y de ayudar a otros. Pensó en las necesidades de los discípulos, decidió ocuparse del problema, envolvió voluntariamente una toalla alrededor de su cintura, se agachó y les limpió los pies.

La humildad es cooperación activa. La humildad no es una resignación pasiva y no es hacer algo porque nos han dicho que lo hagamos o nos han obligado a hacerlo. Todos hemos visto a niños que hacían lo que se les había mandado, tanto si estaban de acuerdo como si no, pero ¡dejaban ver muy claramente su actitud! Eso es sumisión sin humildad. Pero nuestra humildad debe ser una cooperación activa y gozosa con otros para el bien de todos, que se vale del equipo para realizar el trabajo y para cuidarse los unos a los otros, mientras todos siguen la dirección de Dios.

Un paso adelante

Tómate un momento para pensar acerca de tu vida. Si eres como la mayoría de las mujeres, incluirás:

- un lugar donde vives
- personas de tu familia
- una larga lista de cosas que hacer
- amistades y vecinos
- alguna clase de empleo
- una iglesia, que es como tu hogar

Cada uno de estos detalles diarios es una etapa fijada por Dios para que tengas un corazón humilde. Cada una de las facetas de tu vida y cada una de las personas en ella son una gran oportunidad preparada por Dios para que alimentes la belleza de la humildad en ti misma. Así que sigue a Dios con todo tu corazón, sometiéndote a Él y a otros. Vístete de humildad. Confía en lo que Dios desea para ti. Cree en Él, viviendo y poniendo activamente en práctica su plan para ti. ¡Nunca lo lamentarás!

Si permites que el orgullo entre
en tu corazón, no podrás
recibir las bendiciones de Dios, porque
su gracia prometida es solo para los humildes.[1]

15

Ver la humildad en acción

Igualmente, jóvenes, estad sujetos a los ancianos;
y todos, sumisos unos a otros, revestíos de humildad;
porque: Dios resiste a los soberbios,
y da gracia a los humildes.
Humillaos, pues, bajo la poderosa mano de Dios,
para que él os exalte cuando fuere tiempo.

1 PEDRO 5:5-6

Mis sentimientos acerca de viajar, especialmente los viajes internacionales, son un tanto confusos. Jim y yo hemos viajado mucho y amamos nuestro ministerio para el pueblo de Dios por todo el mundo. Cada vez que emprendemos otro viaje relacionado con el ministerio (normalmente juntos), las bendiciones que recibimos de los santos superan con creces cualquier inconveniente personal y cansancio causado por el viaje hasta allí. Los dos podemos decir que algunos de nuestros más preciados recuerdos han sido el resultado de la interacción con las personas que hemos conocido durante nuestros viajes.

Al continuar nuestra discusión acerca de la humildad, mi mente regresa a un tiempo durante el cual Jim, yo y nuestra familia estábamos viviendo en Singapur como misioneros. Jim estaba ocupado con pastores y con líderes de iglesias por toda la isla y viajaba en avión con regularidad a otros países en la región para hacer un trabajo semejante. Sin embargo, yo no tenía un área de ministerio. Oraba preguntando: "Señor, ¿qué es lo que puedo hacer?". Mis hijas se marchaban por la mañana temprano a la escuela al otro lado de la isla, de modo que me quedaba sola durante muchas horas cada día. Había estado muy activa en el ministerio de las mujeres en nuestra iglesia en los Estados Unidos y tenía montones de material que enseñar a alguien, a cualquiera... Pero no surgían oportunidades.

Finalmente, tres mujeres de edad avanzada me pidieron que les enseñase un estudio bíblico en uno de sus hogares. Me dijeron que enviarían a alguien a recogerme porque ellas ya no conducían. Ante mi sorpresa, llegó una limusina negra con un chofer uniformado, que me llevó al último piso de un edificio en el centro mismo de Singapur. Lo asombroso sobre esta aventura no fue la limusina, el departamento en el piso trece de una de las torres más caras de la ciudad, las vitrinas llenas de objetos de arte chino de incalculable valor, de porcelana, de toda clase de objetos y de muebles antiguos, ni el hecho de que estas mujeres estaban casadas con tres de los más influyentes y ricos hombres del país. No, lo sorprendente fue que estas señoras eran las estudiantes más agradables y humildes que jamás haya conocido.

Después de cada una de nuestras reuniones, al llevarme la limusina desde las riquezas de lo que podríamos comparar con el centro de Manhattan, en Nueva York, hasta nuestra pequeña cabaña misionera, situada en un área residencial considerablemente mucho menos opulenta, me sentía abrumada por la sencillez y el amor tan puro que estas grandes mujeres sentían por Cristo. Su amor a Dios y su deseo de ser como Jesús se expresaba con toda claridad en su falta de pretensión, en la amabilidad con que hablaban y en lo genuino de la humildad de su corazón.

Expresiones de humildad

¿Has oído la afirmación: "No te puedo oír, tus acciones hablan más alto que tus palabras"? Proverbios 4:23 dice: "Sobre toda cosa guardada, guarda tu corazón; porque de él mana la vida". Jesús lo expresó de la siguiente manera: "...de la abundancia del corazón habla la boca" (Mt. 12:34). ¡Y es verdad! No podemos ocultar lo que está en el interior. Llegará un momento cuando lo que somos se manifestará en lo que digamos. Y esto es incluso más evidente cuando se trata de la actitud de la humildad. No sé tú, pero yo quiero ser una persona humilde y que se me conozca como tal. Quiero poseer esa cualidad dulce y humilde que esas queridas mujeres en ese edificio tan alto poseían.

> *Momento tras momento, debemos reaccionar con humildad ante el sufrimiento, el trato injusto y las palabras crueles o mentirosas. Debemos recordar siempre el ejemplo de Jesús y confiar en Él para tener las fuerzas para seguir adelante.*

Hemos hablado acerca de la humildad en los capítulos anteriores, pero ¿cómo es en la vida real? ¿Cómo se expresa? Si la Biblia es correcta —y sabemos que lo es—, tú y yo podemos aprender mucho acerca de la humildad fijándonos en las personas que eran humildes... Y, lamentablemente, en las que no lo eran. ¿Qué aspecto tiene la humildad vista de cerca y de forma personal?

La humildad sigue los pasos de Jesús

En el libro de 1 Pedro, el apóstol comienza una discusión acerca del sufrimiento —el sufrimiento como resultado de hacer lo que está bien—. A fin de proveer un modelo que pudieran seguir sus lectores, Pedro nos presenta a Jesús: "...también Cristo padeció por nosotros, dejándonos ejemplo, para que sigáis sus pisadas..." (2:21). Sufrir es una de las maneras que tenemos de seguir los pasos de nuestro Señor.

Aquí observamos un pasaje de las Escrituras que nos muestra de qué modo reaccionó Jesús en los tiempos en los que experimentó su sufrimiento definitivo: se enfrentó con la brutalidad de falsos acusadores y perseguidores, al dar su vida sin pecado alguno por ti y por mí, y sufrir la crucifixión. Este es un duro pasaje para entender, debido a la injusticia y la crueldad dirigida al precioso Cordero de Dios, sin mancha, que no tenía pecado, que era perfecto, nuestro Salvador, Jesucristo.

> Pues para esto fuisteis llamados; porque también Cristo padeció por nosotros, dejándonos ejemplo, para que sigáis sus pisadas, el cual no hizo pecado, ni se halló engaño en su boca; quien cuando le maldecían, no respondía con maldición; cuando padecía, no amenazaba, sino encomendaba la causa al que juzga justamente; quien llevó él mismo nuestros pecados en su cuerpo sobre el madero, para que nosotros, estando muertos a los pecados, vivamos a la justicia; y por cuya herida fuisteis sanados (1 P. 2:21-24).

Fíjate en las acciones, las reacciones y el discurso de alguien con una humildad genuina y santa:

- Jesús mostró su justicia, "no hizo pecado".
- Jesús dijo la verdad, "ni se halló engaño en su boca".
- Jesús respondió de manera apropiada; "cuando lo maldecían, no respondía con maldición".
- Jesús respondió positivamente, "cuando padecía, no amenazaba".
- Jesús siguió adelante con confianza, "encomendando la causa al que juzga justamente".

Al igual que Jesús —nuestro brillante ejemplo de cómo enfrentar las injusticias y la persecución—, debemos, con humildad y confianza, entregarnos al Padre, que juzga con justicia. La vida no es un acontecimiento aislado, es una variedad de incidentes que quedan entrelazados a lo largo del tiempo. De manera que, momento tras momento, debemos reaccionar con humildad ante el sufrimiento, el trato injusto y las palabras crueles o mentirosas. Debemos recordar siempre el ejemplo de Jesús y confiar en Él para tener las fuerzas para seguir adelante cuando sufrimos por hacer lo que está bien.

¿Te has fijado en que tres de las respuestas humildes de Jesús en medio de los sufrimientos de la vida y los problemas tienen que ver con la boca? Así que puede que sea una buena cosa *no decir nada* gran parte del tiempo. Sí, por supuesto hay un momento para defendernos, pero no sucede con demasiada frecuencia. Cuando nos mordemos la lengua sobre la mayoría de los temas, estamos efectivamente siguiendo a Dios con todo nuestro corazón.

La humildad desarrolla un corazón de sierva

El apóstol Pablo fue una de las figuras más imponentes en la formación de la iglesia primitiva. Escribió trece de las epístolas del Nuevo Testamento. Estas cartas, escritas a las iglesias y a personas individuales, proveen el marco de nuestra teología cristiana, nuestras creencias básicas. En estas epístolas, Pablo se refiere a sí mismo en varias ocasiones como "un siervo" o "esclavo".[2]

En los días en que Pablo escribió, esta clase de esclavo era el más insignificante de los esclavos. "Esclavo" era la designación que se aplicaba a los esclavos en las galeras, "esclavos de tercera categoría", para ser exactos —los que estaban "por debajo de los que remaban"—. Un esclavo no podía ejercitar su propia voluntad, no podía oponerse a ninguna orden. Su trabajo consistía en cumplir la voluntad de otra persona.

Cuando Pablo escribió su propia descripción, decidió describirse a sí mismo como un esclavo. ¿No resulta eso interesante? Al igual que Pablo, también nosotras debemos apropiarnos de esta mentalidad de esclavas cuando se trata de seguir a Dios y de servir a otros. Desarrollar y reflejar esta actitud es una decisión, una manera de elegir. Tenemos que esforzarnos por adoptar la mentalidad del esclavo o del siervo. Como esclavas de Cristo, tú y yo debemos crecer hasta el punto de desarrollar un corazón de sierva para responder a Dios con una obediencia instantánea.

La humildad posee un espíritu de ayuda

La humildad es cooperación activa, no resignación pasiva. La humildad se arremanga y dice: "¿Dónde puedo ayudar? ¿Qué quieres que haga? ¡Por pequeña o grande que sea la tarea, estoy aquí para ayudar!".

¿Recuerdas haber ayudado a alguien, cuando en realidad no tenías el deseo de participar activamente? Para vergüenza mía, yo he sucumbido a esta actitud con anterioridad y a veces tengo que luchar en contra de ella, incluso ahora. Tal vez podríamos llamarla "resignación resentida". Es cierto que me estaba sometiendo exteriormente, pero no tenía humildad de corazón y presté muy poca ayuda en realidad. Cuando las personas hacen esto, se olvidan de que la humildad es cooperación activa y, en lugar de ello, se concentran en sí mismas, en lo que quieren o no quieren hacer, que es lo contrario a la humildad. Sí, el orgullo yergue su orgullosa cabeza. Piensa en los siguientes ejemplos.

La mujer de la "última palabra". Esta es una mujer que tiene que decir la última palabra. Su cantinela es algo semejante a esto: "Está bien, lo haré, pero cuando suceda tal y tal cosa, recuerda que te lo advertí". Esta mujer no está dispuesta a animar o decir algo positivo cuando se necesita. Pero de lo que no hay duda es de que se siente libre para decirte tranquilamente la decisión que deberías haber tomado o cómo deberías haber hecho el trabajo que fuese.

La mujer que "se las sabe todas". Marta, tal como se ha revelado en Juan 11:21-39, es un ejemplo de este comportamiento. Lázaro, su hermano y amigo de Jesús, había muerto. Jesús llegó varios días después, y Marta mostró su actitud. Pasara lo que pasase, su respuesta era: "¡Ya lo sé!".

- "Señor, *yo sé* que si hubieras estado aquí, mi hermano no se habría muerto".
- "*Yo sé* que incluso ahora, sea lo que fuese que le pidas a Dios, Él te lo dará".
- Jesús le dijo: "Tu hermano resucitará", a lo que Marta le contestó: "*Ya sé* que resucitará en la resurrección de los últimos días".
- Jesús le dijo: "Yo soy la resurrección y la vida, ¿crees esto?". Ella le contestó: "Sí, Señor lo creo". *Ya lo sé.*
- Más adelante, cuando Jesús pidió que removiesen la piedra que estaba ante el sepulcro de su hermano, ¡una vez más Marta *se lo sabe todo*! "Señor, el cuerpo ya apesta, porque tiene cuatro días de muerto".

¡Sí, Marta lo sabía todo! Ni siquiera con Cristo podía permanecer callada. A la que todo se lo sabe le complace interrumpir a todo el mundo a fin de ofrecer una correcta o mejor información. Conoces a personas como ella, ¿no es cierto? Es la que está constantemente interrumpiendo al marido o a las amigas con información correcta, pero sin importancia. "No, Enrique, no fue hace siete años, fue hace seis". Yo lo sé... Y tú no lo sabes.

La mujer que puede superar tu día. Esta es la que dice: "¡Tú crees que has tenido un mal día! Déjame que te cuente sobre el mío". Lo que está realmente diciendo es: "No esperes nada de mí hoy, no esperes que planee la próxima conferencia para mujeres. No esperes una comida demasiado buena, ni siquiera que te haga una comida esta noche. No esperes que haga limpieza. No esperes…, no esperes…, no esperes…, porque mi día, por no mencionar mi vida, es mucho peor o más exigente que la tuya". Lucas 17, a la que a veces me refiero como "la parábola de la esposa y ama de casa", habla acerca del tema del "mal día".

> "¿Quién de vosotros, teniendo un siervo que ara o apacienta ganado, al volver él del campo, luego le dice: Pasa, siéntate a la mesa? ¿No le dice más bien: Prepárame la cena, cíñete y sírveme hasta que haya comido y bebido; y después de esto, come y bebe tú? ¿Acaso da gracias al siervo porque hizo lo que se le había mandado? Pienso que no. Así también vosotros, cuando hayáis hecho todo lo que os ha sido ordenado, decid: Siervos inútiles somos, pues lo que debíamos hacer, hicimos" (vv. 7-10).

El punto que pretende destacar la parábola es que el siervo no debiera de esperar una recompensa especial por hacer lo que para empezar es su obligación. Todas las mujeres trabajan mucho. Las esposas y las madres dan muy por encima de lo que creen que pueden dar, y lo mismo sucede con las mujeres en diferentes trabajos. Así es la vida. La mentalidad de "no entiendes el día difícil que he tenido" debe ser eliminada y sustituida por un espíritu de ayuda. Es preciso que la manera de pensar de la sierva se convierta en nuestra naturaleza misma, en nuestra manera de pensar, aun en esos "días difíciles" con los que nos enfrentamos. A Dios le complace y puede suplirnos su gracia que da poder, cuando servimos a otros humildemente, incluso después de un día muy duro.

La mujer que "todo lo cuestiona". La buena señora siente que es su labor, que le ha sido dada por Dios, cuestionar todo lo que le pidan que haga (y en el caso de algunas esposas, esto sucede especialmente si la petición la hace su marido). *¿Estás seguro? ¿De verdad quieres que haga eso? ¿Crees sinceramente que esto es importante?* Cada respuesta empieza con una pregunta. Sí, hay ocasiones en las que es bueno hacer preguntas inteligentes para entender algo y para aclarar, pero esta mujer lo cuestiona todo.

La mujer "reacia". Esta mujer es pasiva. Dice que está dispuesta a ayudar o a hacer cualquier cosa que le pidan, pero interiormente se resiste. Las Escrituras presentan dos clases de comportamiento reacio. El primero es abierto, muy visible y se denomina "rebelión". El otro es más pasivo, sutil, menos visible, pero igualmente provocativo, y se llama "obstinación". Estas dos clases de comportamiento han sido etiquetados y condenados por Dios como pecado, iniquidad e idolatría (1 S. 15:23). La mayoría de las mujeres cristianas no son culpables de rebelión abierta en el hogar, en el trabajo o en la iglesia, pero la obstinación es demasiado común. Se encuentra en:

- *El resentimiento pasivo*: Lo hacemos, pero no estamos de acuerdo.
- *La apatía*: Lo hacemos, pero no nos importa.
- *La indiferencia*: Podemos tomarlo o dejarlo.
- *Un rendimiento muy por debajo de lo habitual*: Lo hacemos, pero de mala gana y no demasiado bien.

La mujer reacia nunca termina de cumplir realmente con sus obligaciones y responsabilidades. Dice que quiere ser una trabajadora con la cual se pueda contar y una buena esposa y madre, una encargada responsable del hogar y útil a otros, pero continuamente se queda corta. Pone excusas o les echa la culpa a otros por su conducta, de modo que se vuelve inútil para ellos y para Dios.

Un paso adelante

Las descripciones de las mujeres orgullosas no son agradables, ¿verdad? Pero lamentablemente caemos con frecuencia en estas categorías. Con esta clase de conducta, es poco lo que logramos hacer, y no progresamos en nuestro servicio: es de escaso uso para el Señor y la obra, para su voluntad y para aquello a lo que Él nos ha llamado.

Pero hay esperanza, ¡una dulce esperanza! Pedro dice que si nosotras, y todos los creyentes, nos humillamos, Dios nos dará su gracia, su favor, su bendición y su poder para que podamos hacer y ser todo lo que Él tiene planeado para nosotras. ¡Y esto te incluye a ti! Dios quiere que tengas éxito, incluso más de lo deseas. Te salvó para que pudieses servirle a Él, a su pueblo y a otros, comenzando por tu familia, tus hermanos de la iglesia y tu esfera de influencia.

Sé que te sientes ansiosa por saber cómo conseguirlo y avanzar en humildad. Aquí tienes algunas sugerencias sobre cómo empezar:

- Memoriza 1 Pedro 2:21-23. ¡No volverás a ser la misma! Aquí es donde empezaron para mí los principios de la humildad. Estarás mucho mejor equipada para reaccionar con humildad cuando surjan los retos, al acordarte de la manera tranquila y humilde que tuvo Jesús ante el sufrimiento y de su confianza firme en el plan de Dios.
- Lee la vida de Jesús regularmente. Al principio de mi vida cristiana, alguien me aconsejó que leyese un capítulo de Mateo, Marcos, Lucas o Juan cada día. Este ejercicio te lleva un máximo de cinco minutos y te permite leer los Evangelios cuatro veces al año. Verás las acciones de auténtica humildad cuando te acerques más a la vida de Jesús, leyendo su historia en tu Biblia día tras día. ¡No hay mejor manera de aprender sobre tu Salvador y su

humildad! Su ejemplo hará más sencillo y más natural para ti seguir sus humildes pasos en el servicio.

- Vuelve a leer la sección en este capítulo bajo el título: "La humildad posee un espíritu de ayuda". Al pensar en las mujeres que se quedan cortas en las acciones de humildad, evalúa tu servicio, buscando señales de comportamiento que no sean precisamente de ayuda. Elimina el egoísmo y el orgullo que causan este tipo de actitudes y confiésaselos a Dios. Pídele que te dé un mayor deseo de tener "...un espíritu afable y apacible, que es de grande estima delante de Dios" (1 P. 3:4).
- Encuentra a una mujer que esté siguiendo humildemente los pasos de Jesús, obsérvala y estudia su conducta. Pasa todo el tiempo que puedas en su presencia y considera la posibilidad de pedirle que te enseñe. Estarás cumpliendo las instrucciones de Dios en Tito 2:3-5: aprender de una mujer de fe más mayor y madura, una que cree en Dios y pone en práctica su plan.
- Recuerda la verdad y la promesa de 1 Pedro 5:5: "...Dios resiste a los soberbios y da gracia a los humildes". Por muy traumático, temeroso, doloroso y difícil que sea el reto que tienes ante ti, Dios está de tu parte. *Si* reaccionas con humildad, Él te concederá su gracia para soportar, mientras confías en Él. Los que son humildes reciben la gracia de Dios. (Y no olvides el concepto contrario: los que reaccionan, se resisten y se muestran agresivos en su orgullo pierden la ayuda de su gracia. Y lo que es peor aún, Dios *está en contra* de los que son orgullosos, que no lo escuchan ni lo siguen).

El que está caído ya no teme caer,
el que es inferior no tiene orgullo,
el que es humilde siempre
tendrá a Dios como su guía.

John Bunyan

16

Seguir el camino menos recorrido de la humildad

Igualmente, jóvenes, estad sujetos a los ancianos;
y todos, sumisos unos a otros, revestíos de humildad;
porque: Dios resiste a los soberbios,
y da gracia a los humildes.
Humillaos, pues, bajo la poderosa mano de Dios,
para que él os exalte cuando fuere tiempo.

1 Pedro 5:5-6

Pedro, el hombre que escribió este versículo, es famoso por pedirles continuamente a sus lectores que "recuerden". Tal vez eso sea debido a que él nunca olvidó sus propios y orgullosos comienzos con Jesús. Pedro era un pescador impetuoso, atrevido y fuerte. Con el tiempo, los eruditos se refirieron a él como "el apóstol con la boca en forma de pata", debido a que los predicadores con frecuencia unen el nombre de Pedro al dicho americano: "Abre la boca y mete la pata". Fue Pedro el que, con toda confianza, pidió ir hacia Jesús cuando el Señor estaba caminando sobre las aguas…, y después de dar unos cuantos pasos, se dio cuenta de que había olas y comenzó a temer. Fue Pedro el que declaró a Jesús como el Cristo y luego, tan solo unos pocos minutos después, lo reprendió por hablar acerca de su muerte. Fue Pedro el que orgullosamente se jactó de estar dispuesto a ir a la cárcel o a morir por Jesús… Solo horas antes de negarlo tres veces.[1]

Al fin y por la gracia de Dios, Pedro aprendió a caminar por el camino menos recorrido, el camino de la humildad, que es el más elevado privilegio de la humanidad. En este noble camino inferior, concentraremos nuestra atención en este capítulo. Hagamos lo que aconsejó Pedro durante un momento y recordemos lo que hemos aprendido acerca de la humildad y de convertirnos en mujeres humildes.

Hasta el momento, hemos visto cómo la humildad funciona en un nivel horizontal, el nivel del pueblo. Según 1 Pedro 5:5-6, *todos los creyentes* deben ser primero y ante todo *sumisos los unos a los otros*. Contrariamente a lo que muchos piensan, la sumisión no es una maldición femenina. No, es un llamamiento divino de Dios a *todos los cristianos*, hombres y mujeres, solteros y casados. Como grupo, es preciso que todos los creyentes sean sumisos los unos a los otros y que se cubran de la humildad sin condición y sin duda alguna. No podemos andar eligiendo a quién sí y a quién no nos someteremos humildemente. En lugar de ello, debemos someternos con gozo a los dirigentes del gobierno como autoridad, a un jefe en el trabajo, a los líderes en la iglesia y, si estamos casadas, a nuestros maridos. (Y no, esta clase de sumisión no es unilateral).

A fin de hacer el trabajo más sencillo, debemos visitar con regularidad el lugar de la oración y seleccionar de nuestro ropero espiritual la prenda de la humildad. Debemos asegurarnos de que nos *vestimos de humildad*. Esta es una decisión que tomamos voluntariamente y con gozo porque es nuestro deseo seguir a Dios de todo corazón y obedecer sus mandamientos.

Saber más acerca de Dios promociona la humildad

Muchos creyentes se muestran reacios a estudiar teología porque creen que no es muy importante o que aturde la mente con la doctrina. Sin embargo, lo que sabemos acerca de Dios determina cómo vivimos. Si no conocemos el carácter de Dios, ¿cómo podemos vivir según sus preceptos?

Tomemos, por ejemplo, a la persona que tiene un entendimiento incompleto e inexacto de la santidad de Dios. Ella considera sus acciones morales como de poca importancia porque, en su comprensión acerca de Dios, Él tiene una escala para juzgar. Según su propia opinión, ella no es tan mala persona como otras, y por lo tanto, Dios entenderá si se va de juerga unas cuantas veces, si piensa en sí misma primero en algunas ocasiones, si se permite el lujo de participar en algo que no es exactamente santo solo una o dos veces. Por supuesto, está gravemente equivocada y será juzgada por todas sus acciones (Ro. 14:10-13).

Una teología correcta es de vital importancia en *cada una* de las facetas de seguir a Dios con todas nuestras fuerzas y de poner en práctica su plan. ¿Por qué estamos examinando este tema? Porque en los versículos de 1 Pedro 5 (léelos de nuevo al principio de este capítulo), hay cuatro hechos acerca de Dios, cuatro cualidades de su nombre que han sido reveladas para darnos información sobre Él y dirección en nuestra búsqueda de una vida de humildad.

Primer hecho: *Dios resiste a los soberbios*. La palabra *resiste* en griego es muy fuerte y, de hecho, significa que Dios se pone totalmente en contra de los arrogantes o de los orgullosos y los altivos. Es un término militar. Dios trae su ejército para que enfrente en batalla cualquier orgullo con el que se encuentre. ¡Esto da miedo! Así que anda con cuidado. Dios te observa y actuará en consecuencia.

Jim y yo tenemos dos hijas: Katherine y Courtney. Cuando fueron lo suficientemente mayores como para hacer tareas y ayudar en la casa, una de ellas se convirtió en "la sierva del día par", y la otra fue "la sierva del día impar" del año. Eso significaba que todos los días una de ellas era "la sierva del día" para la familia. Básicamente, su servicio se reducía a ayudarme a servir la comida y a quitar la mesa, y si alguna vez, yo necesitaba una ayuda especial, ellas estaban de servicio. Si Jim y yo observábamos alguna resistencia a servir a otros, les pedíamos tranquilamente que hicieran actos adicionales de servicio y también corregíamos su actitud hasta que el espíritu de servidumbre se convirtiera en algo natural.

Es así como me imagino este hecho en relación con Dios. Él se resiste a los orgullosos y observa y busca la preciada virtud de la humildad y la sumisión en nosotros. Cuando ve algo que no le gusta o se fija en que falta algo vital, trabaja en nuestras vidas hasta que ese asunto se perfeccione. ¿Quieres batallar con Dios en este aspecto? Pues no te dejes llevar por el orgullo y la rebeldía. ¡Anda con cuidado! Tienes todas las de perder. La imposibilidad de luchar en contra de Dios es una fuerte motivación para mantenerse alejada del orgullo.

> *A veces nos preguntamos qué sucederá si nos humillamos en una situación. Dios promete ayudarnos y darnos su gracia, que es "suficiente para todo".*

Solo por si acaso no estás segura de haber entendido la naturaleza del orgullo, permíteme que te la describa de otra manera. *Orgullo* es colocarse por encima de otros. La palabra significa literalmente "aparecer por encima de". Es una persona orgullosa la que le gusta presumir, colocarse por encima de otras personas y actuar mejor que ellas.

Satanás es el ejemplo definitivo del orgullo, y a él se hace referencia como uno de los querubines ungidos. Ezequiel 28:17 dice acerca de él: "Se enalteció tu corazón a causa de tu hermosura, corrompiste tu sabiduría a causa de tu esplendor…". El pecado de orgullo de Satanás significaba que deseaba exaltarse a sí mismo, pero Dios se opuso a esta actitud: "…yo te arrojaré por tierra; delante de los reyes te pondré para que miren en ti". Dios se pone activamente en contra de cualquier persona orgullosa, ¡hasta un ser angélical!

Segundo hecho: *Dios da gracia a los humildes.* Permíteme ahora una palabra positiva de consuelo. Dios nos dice que seamos sumisas y humildes, y ese es nuestro papel y nuestra decisión. Y cuando lo seguimos en obediencia, Él cuida de nuestras vidas, derramando su gracia y su favor sobre nosotras, de manera que podamos enfrentarnos con cada situación que vivamos. Ese es el papel de Dios y su parte en ayudarnos a nosotras a poner en práctica su voluntad.

De la misma manera que da miedo pensar en enfrentarse con el disgusto de Dios, es reconfortante pensar en toda la medida de su gracia que recibimos con nuestra humildad. A veces nos preguntamos qué sucederá si hacemos lo que nos han dicho que hagamos, si nos humillamos en una situación. Dios promete que se ocupará de nosotras y nos dará la gracia "suficiente para todo". Solo tenemos que depender de la promesa y no de la solicitud que nos tienta a mostrarnos agresivas o a dejarnos llevar por el temor o la duda.

He aquí un pintoresco pensamiento que nos puede ser de ayuda. Antiguamente la palabra *humilde* se usaba para describir el río Nilo en Egipto, cuando el nivel del agua era bajo. Los antiguos acostumbraban a decir: "El río corre bajo". Con estas palabras, querían decir que las aguas fluían dentro de sus orillas, a una profundidad segura, suave y profunda, pero sin desbordarse, inundar la tierra de alrededor ni causar estragos. La humildad es nuestra opción. Podemos decidir "mantenernos bajas" o elevarnos por encima de otros y hacer gala de nuestro orgullo. En cualquiera de los dos casos, recogeremos los resultados de nuestra decisión: orgullo y resistencia de Dios, o humildad y gracia de Dios.

Tercer hecho: *Dios requiere sumisión.* Jesús nos dio un importante principio cuando enseñó: "Ninguno puede servir a dos señores; porque o aborrecerá al uno y amará al otro, o estimará al uno y menospreciará al otro. No podéis servir a Dios y a las riquezas"

(Mt. 6:24). El orgullo y la humildad son diferentes señores. El orgullo es pecado y sigue el camino de Satanás, mientras que la humildad —el plan y el deseo de Dios para nosotras— sigue el camino divino. Volviendo a uno de nuestros versículos que han servido de tema, Pedro dice: "Humillaos, pues, bajo la poderosa mano de Dios, para que él os exalte cuando fuere tiempo" (1 P. 5:6). Esto no es una sugerencia. Si eres su hija, tu Padre celestial te pide sumisión y humildad. ¡Y esto no es algo malo! Dios no nos pide nunca algo que es malo, algo que no sea lo mejor para nosotras. La sumisión y la humildad son nuestras reacciones de amor ante un Dios de amor, que rebosa gracia y es todopoderoso.

Cuarto hecho: *Dios exalta a los humildes*. El más grande ejemplo de la humildad lo hallamos cuando Jesús, Dios en la carne, dio voluntariamente siete pasos de humildad, como vemos en Filipenses 2:7-8:

- Se despojó a sí mismo.
- Tomó forma de siervo.
- Se hizo semejante a los hombres.
- Se halló en condición de hombre.
- Se humilló a sí mismo.
- Fue obediente hasta la muerte.
- Fue obediente hasta la muerte de cruz.

Jesús es el ejemplo definitivo de la humildad y además es el más grande ejemplo de la exaltación de Dios a los humildes, tal como se revela en Filipenses 2:9-10:

> "Por eso Dios también le exaltó hasta lo sumo, y le dio un nombre que es sobre todo nombre, para que en el nombre de Jesús se doble toda rodilla de los que están en los cielos, y en la tierra, y debajo de la tierra".

De la misma manera que el Padre lo exaltó a Él, desea elevar a aquellos de sus hijos que son obedientes. Jesús afirmó esto cuando dijo: "...el que se humilla, será enaltecido" (Lc. 14:11). ¿Cuándo podemos esperar que suceda esto? Pedro tiene la respuesta: "... cuando fuere tiempo" (1 P. 5:6). En otras palabras, cuando nuestra humildad es suficientemente grande como para soportar el orgullo de nuestra exaltación.

De modo que si quieres alabanza, posición, poder o popularidad, puede que tengas una larga espera. Olvídate de esas cosas y pon tu corazón y tus energías en servir humildemente a Dios, a su pueblo y a la humanidad. Cuando sea el momento oportuno y estés lista, Dios hará el resto. Se ocupará de elevarte, darte honra y liberarte. En *su* tiempo, cuando *Él* lo decida, cuando a *Él* le parezca bien, se ocupará de todo.

Dios se ocupará de manera gloriosa y en el momento oportuno de todo lo que crees que has tenido que renunciar, que has sacrificado o tenido que soportar, de todo lo que te has visto privada o por lo que has sufrido de manera injusta. Él te elevará, arreglará las cosas y dará a conocer la verdad. Dios se deleita en exonerar a las personas que lo sirven con humildad, justificando a sus seguidores que son justos.

Dios se ocupará de manera gloriosa de todo aquello a lo que has renunciado, que has soportado, que te has visto privada y que has sufrido injustamente.

¡Así que espera, mi querida amiga! La humildad genuina te permite ser paciente. ¿Por qué? Porque te sientes satisfecha y no necesitas recompensa inmediata. ¿Y qué sucede si no recibes nunca las recompensas en esta vida? ¡Y qué! No hay problema. Este no es el factor que nos motiva. Pase lo que pase, suceda o no aquí en la Tierra, una exaltación por encima de lo que podemos imaginarnos

nos aguarda en la próxima vida cuando reinemos con Jesús durante la eternidad (Ef. 6:7-8; Col. 3:23-24).

Dar pasos hacia la humildad

Hace años di una clase bíblica a mujeres universitarias. Una de ellas vino a hablarme después de una de nuestras sesiones y me dijo de buenas a primeras: “Oh, Sra. George, soy tan orgullosa que no puedo aguantarme a mí misma. ¿Cómo puedo ser humilde?”.

Me quedé dura como piedra. Para empezar, su sinceridad me resultó totalmente inesperada y refrescante, pero luego tuve que admitir que, así como el resto de las personas, también lucho con deslices de orgullo. ¿Quién era yo para decirle a alguien cómo ser humilde cuando no estaba muy segura de saberlo? ¿Cómo le contestarías a esta estudiante universitaria? En su momento, lo intenté; y al compartir ahora mi respuesta contigo, entiende por favor, que estas sugerencias también se aplican a mí.

Consulta las Escrituras. Lee y estudia la humildad de los grandes hombres y mujeres de la Biblia.

- Moisés fue llamado por Dios el hombre más humilde de la Tierra.
- José comenzó como un joven orgulloso, pero más adelante se convirtió en un siervo humilde que finalmente fue favorecido por Dios.
- David, al principio de su vida, se consideró a sí mismo totalmente indigno.
- Salomón se humilló a sí mismo al principio de su vida y le pidió a Dios sabiduría para gobernar sabiamente.
- Daniel se humilló a sí mismo en oración, aun cuando no era más que un adolescente.
- María, la madre de Jesús, se refirió humildemente a sí misma como una persona que necesitaba salvación.

☙ Pablo se refirió a sí mismo como "el más grande de todos los pecadores".

Cuando leas tu Biblia, ve un paso más allá. Cada vez que Dios abra tus ojos y tu corazón por medio de las Escrituras sobre la humildad, mostrándote imágenes de aquellos que demostraron tener un corazón humilde, ponlo por escrito. Comienza con una sola página de tu cuaderno o una sección en tu diario. Titúlalo "Humildad" y apunta allí los casos que vayas descubriendo. Fíjate en lo que sucedió, de qué manera se mostró la humildad y cuáles fueron los resultados. No volverás a ser la misma después de realizar esta clase de estudio.

Ora. Cuando ores recuerda que no estás necesariamente pidiendo humildad. Sin embargo, por el mero hecho de orar, estás mostrando un espíritu de dependencia, que es el fundamento necesario para el proceso de "ser humilde". No puedes realizar el acto de adorar y alabar a Dios en oración sin ser consciente de lo pequeña que eres. No puedes hacer la confesión de pecado día tras día, oración tras oración, sin ser consciente de tu necesidad de recibir el perdón, lo cual hará que seas humilde. No puedes pedirle con regularidad a Dios, el creador y sustentador de todas las cosas, que actúe en tu vida o en las vidas de las personas a las que amas sin ser humillada. Cuando haces estas cosas, estás reconociendo que Dios y solo Dios es el único que puede actuar sobre tu petición y venir en tu ayuda. La oración hace que el orgullo disminuya. Aquellas que no quieren o que se niegan a orar normalmente son personas orgullosas. Es así de sencillo.

Pasa tiempo con personas humildes. Mira a tu alrededor y encuentra a aquellas personas que consideras mansas, dulces y humildes de corazón, y aprende de ellas. Pablo dijo: "…las malas conversaciones corrompen las buenas costumbres" (1 Co.

15:33). Pero lo contrario también es cierto: las buenas personas promocionan las buenas costumbres, incluida la humildad. ¿Y cómo puedes encontrar a quienes son humildes? Busca los frutos espirituales. Las ramas que más frutos dan son las que cuelgan más cerca del suelo.

Sigue siempre el camino inferior. Cuando tengas opción, elige un perfil bajo, la carretera menos recorrida. Elige no colocarte al frente, no desees estar en un lugar prominente. No seas siempre la que se levanta y comparte una solicitud de oración o de alabanza. Tómate muy en serio la sincera oración que hizo Juan Wesley: "¡Oh, anden con cuidado! ¡No intenten ser algo! Lo que yo deseo es ser nada y que Cristo lo sea todo". Jesús compartió una maravillosa parábola acerca de la humildad:

> Cuando fueres convidado por alguno a bodas, no te sientes en el primer lugar, no sea que otro más distinguido que tú esté convidado por él, y viniendo el que te convidó a ti y a él, te diga: Da lugar a éste; y entonces comiences con vergüenza a ocupar el último lugar. Mas cuando fueres convidado, ve y siéntate en el último lugar, para que cuando venga el que te convidó, te diga: Amigo, sube más arriba; entonces tendrás gloria delante de los que se sientan contigo a la mesa. Porque cualquiera que se enaltece será humillado; y el que se humilla, será enaltecido (Lc. 14:8-11).

Desde que aprendí acerca del camino más bajo y lo observé en otras personas, ha sido mi deseo permanecer en las sombras. Sí, tengo un ministerio en el que debo hablar, aunque nunca deseé ser "la portavoz de Dios". Me siento atraída por las mujeres que permanecieron junto a la cruz cuando Jesús fue crucificado. El suyo fue un servicio silencioso, trabajando en privado en casa, preparándose para ocuparse del cuerpo de Jesús a la primera luz del tercer día. Si Dios no las hubiese nombrado a ellas, nunca habríamos sabido quiénes fueron. Pero las exaltó para siempre en su Palabra. Estas mujeres escogieron un perfil bajo y proveyeron un modelo de humildad para nuestra propia conducta.

Sirve a todas las personas que conozcas. Intenta servir a toda persona que Dios ponga en tu camino. Considera cada encuentro como una oportunidad para mostrar el amor de Dios. Pregunta: "¿Cómo puedo servir a estas personas que Dios ha puesto en mi vida?". Si es apropiado, muéstrales tu cariño. Pregúntales cómo están y si hay algo que puedes hacer por ellas. Tal vez puedas orar o quizás necesiten algo que puedes proveer.

Encuentra personas necesitadas. Tenía una amiga que, cada vez que iba a una reunión, buscaba a la mujer que estaba sola. Buscaba aquella que parecía desdichada, que no tenía con quien sentarse, con semblante triste, que parecía perdida o tal vez era nueva en esa situación.

Un día en la iglesia, me fijé en una mujer joven que lloraba en un rincón. Me acerqué a ella y le pregunté si podía ayudarla de alguna manera. Me contó su problema, fue presentada al Mesías, y más adelante, se convirtió en una dinámica misionera para Cristo ante la comunidad judía. Encontrar a las personas necesitadas y ofrecerles ayuda es dar un paso en humildad. Jesús dijo:

> ...Cuando hagas comida o cena, no llames a tus amigos, ni a tus hermanos, ni a tus parientes, ni a vecinos ricos; no sea que ellos a su vez te vuelvan a convidar, y seas recompensado. Mas cuando hagas banquete, llama a los pobres, los mancos, los cojos y los ciegos; y serás bienaventurado; porque ellos no te

> pueden recompensar, pero te será recompensado en la resurrección de los justos (Lc. 14:12-14).

Sí, es más sencillo —y más seguro— quedarse con lo que conocemos —amistades, iglesia—, que atreverse a enfrentar sola y correr el riesgo de acercarse a una persona desconocida. Sin embargo, rara vez te vas a encontrar con las que están necesitadas en el pequeño círculo de tus amistades.

Niégate a hablar acerca de ti misma. La próxima vez que te marches de una reunión o hayas pasado tiempo con otra persona, pregunta: "¿Alrededor de quién ha girado la conversación?". He aquí una sugerencia: si has hablado acerca de ti misma, si has sido el centro, decide que, en la próxima conversación, harás que la charla gire en torno a la otra persona. Haz preguntas acerca de ella. La humildad siempre desvía el centro de nuevo a la otra persona. Y si deseas llevar esto un paso más allá, limita lo que tienes que decir. Escucha y presta atención a lo que tiene que decir la otra persona. Asiente mucho con la cabeza de modo que la otra persona sepa que estás interesada. Recuerda que hay más instrucción respecto a decir poco o nada de lo que hay acerca de hablar. "Aun el necio, cuando calla, es contado por sabio; el que cierra sus labios es entendido" (Pr. 17:28).

Promociona a otras personas. La alabanza es siempre apropiada. Podrás encontrar siempre algo que sea digno de alabanza acerca de otras personas si lo buscas. Alaba verbalmente a otros, delante de ellos, por su nombre y ante otras personas. Concede posiciones de honor y de responsabilidad a otros y, si hay una oportunidad, piensa: *¿Hay alguien a quien puedo concederle esta oportunidad?* O cuando des crédito: *¿Hay alguien a quien pueda dar crédito por esto bueno que ha sucedido?*

Un paso adelante

Hasta el momento, hemos estado hablando acerca de las cualidades que Dios desea que tengan las mujeres, especialmente las preparadas para servirle a Él y a su pueblo. Hemos hecho especial énfasis en dónde encontrar la fortaleza para enfrentarnos con los retos que Dios nos da, para cumplir nuestros papeles y para completar nuestras asignaciones con éxito.

Cuando se trata de ser una *mujer humilde*, debes pasar de las acciones a la actitud, porque la humildad es una *actitud* de la mente y del corazón. No se puede manipular la humildad ni se puede fingir, tienes que abrazarla y convertirte en ella. Permite que la realidad bíblica de la humildad se convierta en una reacción inconsciente en tu vida. Pablo dijo: "Haya, pues, en vosotros este sentir [de humildad] que hubo también en Cristo Jesús" (Fil. 2:5).

Si deseas seguir a Dios con todo tu corazón —y sé que es así—, avanza en el camino de la humildad, que es el más difícil —posiblemente el más difícil de todos—, pero es el correcto: el camino de Dios.

Es mi deseo que el Señor te conceda su gracia, mientras viajas por este camino que, aunque es el menos recorrido, es el más honorable para seguir.

Sección 5

Cómo ser una mujer satisfecha

Jehová es mi luz y mi salvación;
¿de quién temeré?
Jehová es la fortaleza de mi vida;
¿de quién he de atemorizarme?

Salmos 27:1

17

Dejar de buscar la satisfacción en todos los lugares equivocados

Porque sol y escudo es Jehová Dios;
gracia y gloria dará Jehová.
No quitará el bien
a los que andan en integridad.

SALMO 84:11

"Pasando por el río y por los bosques, a casa de la abuela iremos", era una canción del Día de Acción de Gracias muy conocida, escrita en el año 1844 para celebrar la memoria de Lydia Maria Child, que acostumbraba visitar la casa de sus abuelos. Esta amada canción de la fiesta apareció originalmente como una poesía en *Flowers for Children* [Flores para niños] (vol. 2). Hoy parece como si fuera de otra época... ¡pero de una buena!

Mi familia pasó muchos días cantando en el viaje de California a Oklahoma para ir a visitar a los abuelos. Pero en la actualidad, cantar mientras se viaja con la familia de camino a cualquier parte ha sido reemplazado por DVDs, iPods, auriculares para cada niño y CDs para los padres. Los tiempos han cambiado, pero el principio sigue siendo todavía el mismo: la música o alguna forma de distracción hace que el viaje pase más rápido. En la actualidad, los padres no tienen que estar respondiendo a la pregunta repetida hasta el hartazgo: "¿Falta mucho para que lleguemos?". ¡Sin duda, esto es una bendición!

Viajar al Templo de Dios

El salmista que escribió las palabras del Salmo 84:11: "Porque sol y escudo es Jehová Dios; gracia y gloria dará Jehová. No quitará el bien a los que andan en integridad" estaba también realizando un viaje, pero no a casa de la abuela. Estaba yendo a la casa de Dios, al Templo del Señor. Muchos años antes, cuando Dios entregó su ley a Moisés en lo alto del Monte Sinaí, requirió que su pueblo —los israelitas— hiciera visitas anuales a la casa de Dios. Estas visitas asegurarían la renovación de la fe y la conexión continua con la ley. Se escribieron muchos "salmos" o cánticos acerca de los peregrinajes, de cómo el pueblo viajaba a pie cruzando el desierto para poder llegar al Templo en Jerusalén. En el Salmo 84, el viaje casi ha terminado y, al acercarse el salmista al Templo, transmite su emoción, gratitud, paz y contentamiento.

El versículo 11 me ha sido de gran ayuda a mí, es mi "versículo de la satisfacción" o mi "versículo para todo". Lo he memorizado y repetido en innumerables ocasiones a lo largo de los años. Y espero que también tú desees memorizarlo y que hagas uso de él en tus tiempos de preocupación, inquietud o descontento.

Buscar una mujer satisfecha

En una ocasión, escuchando un CD de enseñanza de un pastor, él le preguntó en broma a su congregación, y especialmente a los hombres: "¿Han conocido ustedes alguna vez a una mujer satisfecha?" (¿Cuál fue la respuesta? Risas y gestos de identificación tanto de hombres *como* de mujeres). Por desdicha, esta pregunta es un comentario real acerca de muchas mujeres, incluso las que son cristianas. El materialismo de hoy siembra y alimenta el descontento. Cuanto más tenemos, más queremos. Da la impresión de que no estamos nunca satisfechas, así que alquilamos unidades de almacenamiento para meter en ellas nuestras cosas antiguas para que podamos salir y comprar más. En nuestra cultura "verde" de hoy, el contentamiento con menos es un gran tema ecológico, pero es incluso más importante desde el punto de vista espiritual. Por lo tanto, entendamos mejor lo que representa sentirnos "satisfechas" y de qué modo afecta que sigamos a Dios de todo corazón.

¿Cómo define el diccionario la palabra *satisfacción*? Haciendo una paráfrasis, quiere decir "hacer que nuestros deseos se limiten a lo que tenemos". Controlamos nuestros deseos y los limitamos para aceptar lo que ya poseemos. Un sinónimo de *satisfacción* es "contentamiento", otro es "estar de acuerdo". Y podemos extender este último sinónimo a "estar de acuerdo con Dios". Estar de acuerdo con que todo lo que tenemos es todo lo que necesitamos. ¡Eso es satisfacción!

Una mujer que se siente satisfecha no está preocupada, disgustada ni agitada acerca de lo que no tiene, o lo que cree que necesita o lo que quiere. En lugar de ello, descansa en su Dios y en lo que la rodea. ¿Por qué? ¡Porque todo lo que necesita es todo lo que Dios es y todo lo que Él ya ha provisto para ella!

Todo lo contrario a la satisfacción

A veces aprendemos más sobre algo cuando estudiamos lo contrario. La siguiente lista revela a hombres y mujeres que fueron bendecidos, pero que quisieron más, buscando la satisfacción en todos los lugares equivocados. Su descontento tuvo graves consecuencias para sí mismos y para otros.

Aarón y María, hermano y hermana de Moisés. Este último disfrutó una relación privilegiada con Dios, hasta el punto de que Dios le habló cara a cara, no por medio de sueños y de visiones como lo hizo con unos cuantos. Aarón y María no estaban satisfechos con su elevada posición como sumo sacerdote y como dirigente de las mujeres. No, querían ocupar el puesto de Moisés y disfrutar el favor de Dios. Por lo tanto, ¿qué sucedió? ¡Se produjo un enfrentamiento! Dios trajo ante sí a estos tres hermanos y condenó a Aarón y a María por hablar en contra de su siervo Moisés (Nm.

12:4-15). Cuando Dios se alejó, María tuvo lepra y, a pesar de que Moisés intervino a favor de su hermana por medio de la oración a Dios, ella permaneció leprosa durante siete días. La envidia costó a estos dos grandes dirigentes una gran vergüenza (v. 11). Aunque fue admirable en su servicio antes de este hecho, no se dice nada más en la Biblia acerca de María hasta su muerte.

Acán, un soldado del ejército de Josué, causó que cayese una maldición sobre todas las posesiones en Jericó. Tradicionalmente, un ejército conquistador se quedaba con los despojos de la guerra, pero antes de la batalla de Jericó, Josué prohibió estrictamente al pueblo quedarse con *ninguna parte* del botín. En lugar de ello, todas las mercancías fueron ofrecidas a Dios (Jos. 6:18-19). Pero Acán no se sintió satisfecho solo con la victoria, sino que ocultó algunos de los objetos en su tienda para sí mismo. Su avaricia le costó la vida cuando lo descubrieron, además la vida de sus hijos y de su ganado, y treinta y seis hombres que murieron a causa de su pecado cometido (Jos. 7:5, 11-12, 24-25).

David, el rey de Israel, fue un rey que tuvo un enorme éxito, conquistó muchos pueblos y ciudades, construyó espléndidos hogares y tuvo numerosas esposas. Pero a pesar de todo esto, no se sintió satisfecho. Una noche vio a una mujer muy hermosa llamada Betsabé, que se bañaba sobre un terrado a la vista de su palacio. Preguntó acerca de ella, hizo que la trajesen ante él y cometió adulterio con ella. No solo David profanó a Betsabé, sino que pecó gravemente en contra de Dios. ¿Cuáles fueron las consecuencias? Su reino, comenzando con su propia familia, se vio sumido en una gran agitación durante el resto de su reinado (2 S. 11—12).

Los líderes persas. Daniel, un israelita, y algunos persas fueron líderes en el gobierno de Darío, el rey de Media y de Persia.

Gracias al favor de Dios, Daniel se distinguió a sí mismo. Pero en lugar de aceptar su exaltación, los oficiales disgustados buscaron la manera de derrotarlo. Puede que conozcas la historia. Daniel fue acusado de orar a Dios en lugar de hacerlo al rey, y por eso, este joven hebreo fue echado al foso de los leones. Sin embargo, Dios les cerró milagrosamente la boca a las bestias y le salvó la vida. ¡Cuando el complot quedó expuesto, todos los líderes persas fueron echados en el foso de los leones, que se los comieron! Su frustración y descontento les costó la vida. (Dn. 6).

Resolver el tema del descontento

No quiero de ninguna manera enfrentarme con relaciones familiares destruidas, lepra, confusión ni leones por falta de contentamiento. ¡Y estoy segura de que tú tampoco quieres! De modo que ¿cómo podemos tú y yo ser o convertirnos en mujeres que limitamos nuestros deseos a lo que tenemos? ¿Cómo podemos sentirnos satisfechas con la vida tal como es, porque nos damos cuenta de que todo ha venido de la mano de Dios? Estamos de acuerdo con Él en que tenemos todo lo que necesitamos. ¿Cómo podemos dejar de preocuparnos, dejar de sentirnos afectadas por las cosas de la vida y estar profundamente satisfechas creyendo que no hay ninguna necesidad que no sea cubierta por la economía de Dios?

Estuve debatiéndome con estas cuestiones durante varios años después de que Jim renunció a su maravilloso puesto de trabajo corporativo, muy bien pagado, para asistir al seminario con el fin de prepararse para la vida dedicada al ministerio. Por fin teníamos una buena vida. Teníamos una buena casa, bonitos autos y unos buenos ingresos. A Jim lo ascendían de manera rutinaria, y la vida parecía de color de rosa —desde el punto de vista materialista—. Pero alabado sea Dios, ¡conocimos a Jesús! ¡Qué emocionantes fueron esos tiempos cuando nuestros corazones empezaron a cambiar, y reinaron en nuestra familia el amor, el gozo y la paz a todo nuestro alrededor! Pero hubo otra cosa que también cambió. Cuando Jim renunció a su trabajo para seguir la dirección de Dios, vendimos la bonita casa y uno de los autos para cubrir sus gastos de estudio y nos trasladamos a una casa realmente más pequeña, aproximadamente del tamaño del garaje que teníamos antes.

No lamenté y sigo sin lamentar la decisión que tomamos durante ese tiempo, pero eso no me impidió ocasionalmente volver la vista atrás a lo que habíamos dejado y sentirme un poco inquieta (y algunos días, un poco resentida) con todo aquello a lo que habíamos renunciado. Y un poco temerosa acerca del futuro.

Recuerdo haber estado sentada en un grupo de esposas del seminario y escuchar a la esposa de un pastor con experiencia decir: "Como esposa de un pastor, probablemente no tendrán ustedes tanto dinero como las personas de su congregación, de modo que empiecen a aceptarlo ya". Cuánto necesitaba escuchar eso... ¡Y aceptarlo!

Otra cosa que hice, que no debería haber hecho, fue mirar con anhelo la vida de mi vecina. Su marido se marchaba al trabajo todas las mañanas a las 7:55 y volvía a la casa exactamente a las 5:05, cinco días a la semana. Mi Jim se marchaba al seminario a las 5:00, después iba a la iglesia y trabajaba luego de haber pasado todo el día en las clases, y participaba en las visitas pastorales hasta las 9 o las 10 de la noche... Y hacía otros dos trabajos durante los fines de semana. Así que había algunos días muy largos y duros para mí.

Cambiar para sentir satisfacción

Pero Dios, como siempre, fue fiel. Vino a rescatarme y respondió a mi corazón interrogante con el Salmo 84:11: "Porque sol y escudo es Jehová Dios; gracia y gloria dará Jehová. No quitará el bien a los que andan en integridad". ¡Este versículo es precioso, y su valor es incalculable! Revela provisiones procedentes de Dios que me hicieron sentir profunda paz y contentamiento hace muchos años, y continúa ministrándome cada día. Este versículo me ayudó a cambiar mi manera de pensar en mi mente y en mi corazón. Contiene cinco motivos por los que puedo sentirme satisfecha. He aquí dos de ellos, pero ya viene el resto, así que ¡mantente atenta!

> *Dios es perfecto, cien por ciento capaz de suplir tus necesidades: físicas, espirituales, emocionales, mentales, financieras o sociales.*

Motivo n.° 1: Dios es un sol. Cualquier curso acerca de cómo estudiar la Biblia te dirá que el número de veces que se usa una palabra o una frase es significativo. Cuando una palabra se usa solo una o dos veces, tiene un *mayor* significado. "Sol es Jehová Dios" se usa solo una vez en toda la Biblia y es justo aquí, en el Salmo 84. Si yo te preguntara que significado tiene para ti el sol o te pidiese que hicieras una lista de todo lo que es y hace el sol, puede que tus respuestas variaran de lo científico a lo espiritual. El sol es todo para nuestro planeta. Toda la provisión de alimentos, de vida y de energía es el resultado directo del sol, que es a su vez el resultado del poder creador de Dios.

Desde que me trasladé a la región de Seattle (después de haber vivido durante treinta y cinco años en el soleado sur de California), he desarrollado un aprecio mucho más profundo por el sol. La eterna niebla de la costa noroeste de los Estados Unidos es perfecta para un equipo de escritores formado por la esposa y el marido, pero si no nos andamos con cuidado, podemos tener un mala jornada (o dos) después de no ver el sol durante muchos días… Y a veces hasta meses.

Pero le doy gracias a Dios de que, incluso cuando no tenemos el sol, físicamente hablando, ¡tenemos al Señor Dios como un sol! He aquí algunos de los beneficios del sol físico y cómo Dios, como tu sol, provee para ti desde el punto de vista espiritual.

- El sol produce gozo, calor y energía. El Salmo 30:5 dice: "…Por la noche durará el lloro, y a la mañana vendrá la alegría". Al igual que el sol, la presencia del Señor en tu vida producirá un gran gozo.
- El sol produce la rutina. Puedes poner tu reloj cuando sale el sol por la mañana y también puedes depender de Dios, que es el mismo ayer, hoy y mañana (Heb. 13:8).
- El sol produce la luz para guiarte. David dijo: "Tú eres mi lámpara, oh Jehová; mi Dios alumbrará mis tinieblas" (2 S. 22:29). Incluso en la oscuridad, tienes la gloria del Señor para iluminar tu sendero.
- El sol provee alivio en la oscuridad. La oscuridad produce temor y mucha angustia a aquellos que temen lo que no se ve y lo desconocido. El salmista dice: "Si dijera: Ciertamente las tinieblas me encubrirán, aun la noche resplandecerá alrededor de mí. Aun las tinieblas no encubren de ti, y la noche resplandece como el día; lo mismo te son las tinieblas que la luz… Mi embrión vieron tus ojos, y en tu libro estaban escritas todas aquellas cosas que fueron luego formadas, sin faltar una de ellas" (Sal. 139:11-12, 16).
- El sol cura. Antes de los tiempos de los maravillosos medicamentos, mi madre se llevó a mi hermano mayor al soleado estado de Arizona durante seis meses porque estaba peligrosamente enfermo con una pulmonía. Malaquías 4:2 dice: "Mas a vosotros, los que teméis mi nombre, nacerá el Sol de justicia, y en sus alas traerá salvación…". No solo se promociona la sanidad física, sino que también se incluye la sanidad espiritual en la justicia del Mesías.
- El sol produce bienestar emocional. Los estados que tienen un clima muy nublado, gris y húmedo tienen elevadas cifras de suicidio. Por eso, muchos de los que

> viven en esos estados necesitan tomar descansos al sol en lugares de climas más cálidos y secos. Con el sol o sin él, con descansos al sol o sin ellos, el Salmo 30:11 nos dice que Dios puede convertir nuestra tristeza en gozo: "Has cambiado mi lamento en baile; desataste mi cilicio, y me ceñiste de alegría".

Si el sol físico es tan significativo como esto —y Dios hizo el sol—, entonces Él es perfecto, cien por ciento capaz de suplir tus necesidades: físicas, espirituales, emocionales, mentales, financieras o sociales.

¡Ahora sabes por qué el salmista que escribió el Salmo 84 estaba tan satisfecho al dirigirse hacia Jerusalén! Estaba pensando en Dios, estaba alabando a Dios. De modo que la próxima vez que te sientas un poco inquieta acerca de tus limitaciones, o por lo que no tienes o lo que crees que deberías tener, mira el sol y eleva tus ojos al Dios que hizo el sol, y recuerda su provisión sin límites para cada una de tus necesidades.

Motivo n.° 2. Dios es un escudo. El salmista que fue el autor del Salmo 84 era un civil, no un soldado, pero sabía muy bien para qué servía un escudo, en cuanto a salvar la vida y ofrecer seguridad. Al viajar, peregrinando en dirección al Templo del Señor, está pensando en la amorosa defensa de Dios en contra de todos los peligros con los que posiblemente tuviese que enfrentarse en un viaje tan largo. "Porque sol *y escudo* es Jehová Dios". Si el Señor como nuestro sol nos anima, entonces Dios como nuestro escudo, nos da la confianza necesaria para enfrentarnos con las batallas en la vida.

- El escudo era la principal arma de defensa del guerrero. Era su más grande recurso protector en la batalla.

- El escudo hacía que el guerrero sintiese confianza al participar en una guerra.
- El escudo le daba poder para oponerse a su enemigo.
- El escudo lo hacia sentirse seguro de que podría derrotar a sus enemigos.
- El escudo lo libraba de su enemigo.
- El escudo le daba la victoria sobre sus temores.
- El escudo le servía de protección en contra de los misiles de fuego.
- El escudo le ofrecía un lugar donde cubrirse del sol abrasador.

¡Qué maravilloso es saber que Dios es tu escudo! No puedes verlo, pero eso no significa que Él no te defienda. ¡Eso es lo que está diciendo el Salmo 84:11! ¿Cuándo necesitas un escudo? Respuesta: en tiempos de peligro. Y puedes contar con Dios para que te proteja. De la misma manera que el sol se ocupa del temor cuando no puedes ver lo que hay por delante en la oscuridad, el escudo se ocupa de la realidad de lo que está ahí.

Hay unos cuantos versículos más que hablan acerca de Dios como escudo. Todos ellos, menos el último, fueron escritos por David, un poderoso guerrero que conocía a fondo los escudos y la guerra. Él tenía sus propios escudos, estoy segura de ello, pero también sabía que Dios era su protección definitiva.

- "...[Dios] escudo es a todos los que en él esperan... Me diste asimismo el escudo de tu salvación..." (2 S. 22:31, 36).
- "Porque tú, oh Jehová, bendecirás al justo; como con un escudo lo rodearas de tu favor" (Sal. 5:12).
- "...[Dios] es escudo para los que caminan rectamente" (Pr. 2:7).

Hagamos un resumen de los dos primeros aspectos de la provisión de Dios que se encuentran en el Salmo 84:11. Dios es sol y escudo. Nuestro salmista peregrino necesitaba ambos elementos de la ayuda de Dios, y tú también los necesitas. De la misma manera que el sol proveía el calor contra el frío a aquellos que realizaban su viaje sagrado, Dios provee el calor de su presencia para animarnos cuando las cosas empiezan a resultar difíciles. Y de la misma manera que se necesitaban los escudos como protección, de modo que ningún enemigo pudiese tender una emboscada a los fieles de Dios cuando iban a alabarlo en Jerusalén, Dios es tu protección en contra de los enemigos que aparecen en tu camino en la vida. El salmista contaba con todo cuanto necesitaba para tener éxito en su viaje. Y tú también lo tienes.

Durante un tiempo de reflexión y de agradecimiento, ¿por qué no darle las gracias a Dios por ser tu brillante sol y tu escudo siempre presente? He aquí una poderosa oración:

> "Ilumina nuestra oscuridad, te suplicamos, oh Señor,
> y por tu gran misericordia defiéndenos de todos los
> riesgos y peligros de esta noche".[1]

Un paso adelante

¿No es maravilloso ser hija de Dios y estar segura de que Él es tu sol? ¿Y tener confianza en que Dios es tu escudo, tu protector? Haz una pausa ahora y háblale a Dios.

- *Tómate el tiempo* para darle las gracias a Dios por suplir ya todas tus necesidades para tu presente bienestar.
- *Tómate un momento* para reflexionar acerca de la importancia que tiene el sol físico para tu existencia y luego piensa en la importancia de Dios en tu vida. El primero te afecta físicamente y solo durante esta

vida. ¡Sin embargo, tu relación con Dios es para toda la eternidad! Si piensas que tu necesidad del sol físico es importante, evalúa tu necesidad del Dios eterno que creó el sol. Él envió a su Hijo (el Sol de justicia), para que pudieras tener una relación eterna con Él (Jn. 3:16).

- *Toma acción* respecto a lo que sabes ahora acerca de la provisión de Dios, en ambos aspectos, como sol y como escudo. Siéntete satisfecha con la provisión ilimitada del sol y la fiel protección del escudo. No te agotes luchando con "las cosas" de esta vida cuando posees algo superior que no se apaga ni desaparece. Puedes dejar de buscar la satisfacción en todos los lugares equivocados porque ahora sabes cuál es el lugar correcto: ¡Dios!

Viajamos hacia Dios y acompañados por Dios. Y aunque Él está al final de nuestro viaje, también se encuentra en cada una de las paradas.

Elisabeth Elliot

18

Vivir con gracia y gloria

Porque sol y escudo es Jehová Dios;
gracia y gloria dará Jehová.
No quitará el bien
a los que andan en integridad.

Salmo 84:11

Una tarde, cuando vivíamos en California, mi esposo y yo íbamos en el auto hacia casa cuando el buscapersonas de Jim se disparó. Él lo miró, sonrió como solo un papá puede hacerlo cuando llama su hija, y exclamó: "¡Es Katherine!". Como nos encontrábamos tan solo a unas pocas cuadras de casa, Jim no contestó el teléfono. Tres minutos después, llegamos a casa, ¡y había autos de policía por todas partes! En la casa, todas las luces estaban encendidas, y todos los vecinos habían salido masivamente a la calle.

Tal como se desarrolló la historia, nos enteramos de que Katherine había llegado a casa del trabajo, había ido al cuarto de baño y, cuando se disponía a salir, ¡vio a un hombre en el vestíbulo! El hombre hizo que ella se pusiese de inmediato a la defensiva cuando él le preguntó:

—¿Eres el ladrón? Alguien está robando la casa. ¿Estás robando esta casa?

—No, no estoy robando esta casa. ¡Vivo aquí! —le contestó Katherine.

Entonces aquel hombre con astucia le dijo:

—Está bien, voy a perseguir a los ladrones que están robando en tu casa. ¡Rápido! Dame tu número de teléfono y, cuando los agarre, te llamaré y te traeré todo de vuelta.

Ella le dio el número de teléfono y él salió corriendo.

Entonces Kath se dio cuenta de que la puerta trasera no estaba en su lugar. Lo que sucedió en verdad fue que tres hombres habían quitado la puerta trasera de la casa, para robar lo más rápido posible. Ellos robaron todo lo que pudieron y cuando volvieron para llevarse algo más, Kath entró por la puerta principal. En ese momento, dos de ellos huyeron y dejaron al otro. Pero finalmente los tres se escaparon.

La satisfacción significa vivir en un mundo hostil con la absoluta seguridad de que Dios es verdaderamente nuestro sol y nuestro escudo.

No tengo que decirte que después de este episodio con los ladrones, pasamos mucho tiempo arrodillados, dando gracias a Dios por haber protegido a Katherine durante esta dura prueba. No hacíamos más que decirle a nuestras hijas: "¿Se dan cuenta de lo que podría haber pasado? ¿Te has dado cuenta de cómo Dios te ha protegido? ¿No es maravilloso que Él nunca te pierda de vista?". Hasta el día de hoy, alabamos a Dios por su divino escudo y su protección de nuestra hija ese día que pasó tanto miedo.

Lo que esta experiencia volvió a enfatizar en nuestra familia es que la satisfacción es mucho más que tener posesiones. La satisfacción es más que lo que tenemos y lo que no tenemos. Como familia, aprendimos lo que significa estar satisfechos, incluso conociendo los peligros de vivir en Los Ángeles. El robo fue un suceso traumático que podría haber sido mucho peor, una tragedia; sin embargo, en ese caso, la lección hubiera sido la misma. El contentamiento significa vivir en un mundo hostil con la absoluta seguridad de que Dios es verdaderamente nuestro sol y nuestro escudo.

Al finalizar el último capítulo, hicimos referencia a dos hechos acerca de Dios que transforman la vida y que, al mismo tiempo, se traducen en dos razones por las que podemos sentirnos satisfechas en nuestras circunstancias.

Razón n.° 1: Dios es nuestro sol.
Razón n.° 2: Dios es nuestro escudo.

Hablemos ahora acerca del tercer motivo para sentirnos satisfechas.

Razón n.° 3: Dios nos da gracia. Tú y yo podemos disfrutar de un corazón satisfecho sin tener en cuenta lo que nos pueda suceder o lo que pase a nuestro alrededor, porque sabemos que tenemos la gracia de Dios. Salmos 84:11 dice:

"Porque sol y escudo es Jehová Dios;
gracia y gloria dará Jehová...".

¡Gracia! Estoy segura de que habrás cantado, leído y oído hablar sobre muchas definiciones acerca de la gracia: el favor no merecido, todo lo que es espiritualmente bueno, algo que nos da Dios y que no merecemos. Pero esta es mi descripción favorita: "Concesión divina exactamente acorde con las necesidades humanas". En otras palabras, sea lo que fuese lo que necesitamos, Dios se vale de su gracia para suplir esa necesidad.

¿Cuándo necesitamos la gracia? La pregunta requiere otra pregunta más: ¿Con qué te enfrentas hoy? Esa es la cantidad de gracia que te concede Dios, la suficiente para afrontar y soportar lo que te espere. Considera algunos de los sucesos que tú o alguna otra persona a la que conoces se han enfrentado o se van a enfrentar:

- Una cita en la consulta del médico para ver si se necesitará una biopsia o una operación.
- Un viaje al hospital para que te hagan una prueba como seguimiento a un tratamiento para el cáncer.
- Enseñar un estudio bíblico para mujeres por primera vez..., esta noche.
- Recibir una llamada del director de la escuela para decirte que tu hijo o tu hija están metidos en problemas.
- Tu hijo te llama para decirte que se va a divorciar, y sus hijos van a vivir con la que pronto será su ex esposa.

La lista de sucesos desagradables y potencialmente graves podría continuar de manera indefinida, con temas como: trabajos perdidos, ingresos perdidos, salud perdida, padres perdidos, hijos perdidos. Toda mujer, madre, abuela, tía y hermana se enfrenta con esta clase de situaciones, a veces hasta a diario. La belleza de la gracia de Dios es que Él nos la concede *exactamente* en la medida en que la necesitamos. Es *exactamente* lo que necesitas ahora, la recibes *exactamente* cuándo la necesitas y *exactamente* en la cantidad adecuada.

Hace poco una mujer me contó sobre un montón de pruebas médicas, biopsias y operaciones con las que se tuvo que enfrentar en un momento cuando su marido estaba sin trabajo. Escribió diciéndome que sabía que, cuando la pusieron sobre la mesa del quirófano, la gracia de Dios estaba allí con ella en ese momento. Y que sea cual fuese el resultado de las muchas operaciones, podría, por la gracia de Dios, seguir actuando como esposa, madre y ama de casa, haciéndolo todo ello sin preocupación. Se sentía totalmente satisfecha con la seguridad y la realidad de la gracia de Dios. ¡Qué gran ejemplo para nosotras!

¿Qué hace la gracia de Dios?

Sabemos que Dios nos da y concede su gracia, y además nos hemos dado cuenta de que es exactamente lo que necesitamos cuando lo necesitamos. Pero ¿qué hace la gracia, aparte de prepararnos para superar los tiempos difíciles? ¿Qué es lo que logra la gracia de Dios? ¡Prepárate para contar sus bendiciones!

La gracia de Dios te salva. La Biblia dice: "por cuanto todos pecaron, y están destituidos de la gloria de Dios" y "...la paga del pecado es muerte..." (Ro. 3:23 y 6:23). Nos merecemos la muerte, de hecho, nos la hemos ganado, lo cual es realmente una mala noticia. Pero ¡alaba a Dios! Por su gracia, Él nos ofrece salvación. "Porque por gracia sois salvos, por medio de la fe..." (Ef. 2:8). Jesucristo ha derramado la gracia de Dios sobre ti. Como lo expresó un escritor de un himno: "Maravillosa, infinita, incomparable gracia, gratuitamente concedida a todos los que creen".[1]

La gracia de Dios te guía. "Pero por la gracia de Dios soy lo que soy; y su gracia no ha sido en vano..." (1 Co. 15:10). Poco importan tu historial, o tu pasado o los retos que encuentres en tu camino, Dios te guía con paciencia por su gracia. A veces no puedes o no estás dispuesta a ver las señales junto a la carretera, pero por su gracia Él acaba por llevarte donde necesitas estar, a veces suavemente y en otras, no tanto. Dios tiene un plan para ti y tiene la intención de que lo pongas en práctica.

La gracia de Dios te da poder. La vida no es siempre agradable, pero la gracia de Dios te cubre. Eso es lo que le dijo Jesús al apóstol Pablo cuando este le suplicó que le quitase "el aguijón en la carne": "...Bástate mi gracia, porque mi poder se perfecciona en la debilidad..." (2 Co. 12:9). La gracia de Dios fue suficiente para ayudar a Pablo a superar esa prueba y todas las demás con las que se tendría que enfrentar durante su vida. Y, al igual que

Pablo, sea lo que fuese que estés enfrentando en estos momentos o enfrentes en el futuro, ¡puedes contar con Dios! Él te dará su gracia por medio de su poder para que puedas superarlo. Puedes sentirte satisfecha y tener paz porque la gracia de Dios provee todo lo que necesitas ahora y para siempre. El salmista creyó y profesó: "Jehová cumplirá su propósito en mí..." (Sal. 138:8). "Clamaré al Dios Altísimo, al Dios que me favorece" (Sal. 57:2).

La gracia de Dios es suficiente para ti. "Suficiente" es una palabra muy consoladora que significa amplio, bastante, adecuado. Tienes todo cuanto necesitas y requieres por medio de la gracia de Dios. Tienes gracia que es:

- suficiente para tu salvación
- suficiente para dar forma y moldearte convirtiéndote en la persona que necesitas ser para servir a Dios, a tu familia, a tu iglesia y a tu mundo
- suficiente para ayudarte a superar cualquier situación con la que te tengas que enfrentar o cualquier necesidad que tengas
- suficiente para que llegues a tu hogar en la gloria

Razón n.° 4: Dios nos da gloria. Salmos 84:11 dice:

> "Porque sol y escudo es Jehová Dios;
> gracia y gloria dará Jehová..."

Puedes sentirte satisfecha no solo por la suficiencia y el poder de la gracia de Dios, sino también porque el Señor te da gloria. Cierra los ojos y di la palabra en voz alta: "Gloria". ¡Con solo decirla, tendrás esperanza! Eso es porque la gloria tiene que ver con el futuro o el final de la vida tal como la conocemos. Al final del viaje, cuando el Señor nos dé la bienvenida a la vida en su presencia inmediata, ¡qué gran gloria será esa! Es la recompensa de la eternidad. La gloria, o el cielo, es la gracia alimentada y llevada a la absoluta perfección. Nosotras tenemos toda la gracia de Dios para hoy, toda ella para lo largo del camino, que equivale a la gloria en el futuro. Esa gloria se manifestará cuando veamos a Jesús cara a cara. En ese entonces, tendremos su nombre escrito en nuestras frentes (Ap. 22:4), y por fin estaremos con Él, adoraremos delante de Él y reinaremos con Él para siempre.

Entender la gloria de Dios

En el futuro, experimentaremos la gloria de Dios, pero podemos entenderla hoy hasta cierto punto, lo cual contribuye en gran medida a nuestro sentido de contentamiento en el presente.

La gloria de Dios es su imponente presencia. Moisés le pidió a Dios: "...Te ruego que me muestres tu gloria". Y Dios permitió que su gloria pasase junto a Moisés, solo si iba a un lugar seguro, escondido entre dos rocas. Él le explicó: "...No podrás ver mi rostro; porque no me verá hombre, y vivirá" (Éx. 33:18-20). Dios es majestuoso y completo en prodigios milagrosos, omnipotencia y perfecta belleza. Cuando Dios se encontró con Moisés en la montaña, hubo truenos, humo y terremotos. El Todopoderoso es fuego consumidor, y la reacción del pueblo ese día fue de absoluto terror porque la gloria de Dios todo lo consume.

La gloria de Dios es un despliegue de su naturaleza. La gloria es la manifestación del carácter de Dios, su poder definitivo y la perfección moral. Cuando Dios pasó ante Moisés, hizo la siguiente afirmación acerca de su gloria: "...Yo haré pasar todo mi bien delante de tu rostro, y proclamaré el nombre de Jehová delante de ti; y tendré misericordia del que tendré misericordia..." (v. 19).

Dios está totalmente por encima de todo lo que ha creado, a pesar de lo cual se reveló a Moisés y se manifestó ante la nación israelita en forma de columnas de nube y de fuego (Éx. 13:21). Estuvo además presente en el Tabernáculo y en el Templo de Salomón para poder ser adorado. Y hay otro lugar más donde se manifiesta la gloria de Dios.

La gloria de Dios manifestada en Cristo. La única ocasión en la que Jesús reveló su gloriosa naturaleza celestial mientras estuvo en la Tierra fue en el monte de la transfiguración. Mientras Pedro, Jacobo y Juan miraban, "...se transfiguró delante de ellos, y resplandeció su rostro como el sol, y sus vestidos se hicieron blancos como la luz" (Mt. 17:2). Si la gloria de Dios es el sentido de su impresionante presencia, cuanto más entendamos sobre Jesús, su misión y su obra en la Tierra, tanto más seremos conscientes de la gloria de Dios. Porque en Cristo, la gloria de Dios estuvo físicamente presente en la Tierra.

Reflejar la gloria de Dios

¿No te sientes emocionada al saber que vamos a experimentar la gloria de Dios en el futuro? ¡Qué increíble! Pero ¿te das cuenta de que puedes reflejar su gloria también ahora? Piensa en esto: ¿qué quiso decir Jesús cuando oró con estas palabras al Padre a favor de sus discípulos la noche antes de la crucifixión?

> "Yo ruego por ellos; no ruego por el mundo, sino por los que me diste; porque tuyos son, y todo lo mío es tuyo, y lo tuyo mío; y he sido glorificado en ellos" (Jn. 17:9-10).

Jesús estaba diciendo que sus discípulos inmediatos —tú y yo, y los que le siguen actualmente— pueden representar su gloria ante el mundo. ¡Él se glorifica en nosotros! Esta es una verdad que nos hace pensar. Jesús se halla presente en el mundo por medio de *nosotros*. Te estarás preguntando, como lo hago yo: *¿revela mi* *vida con exactitud el carácter y la naturaleza de Jesús a otros?, y ¿cómo puedo revelar de manera más exacta el carácter y la naturaleza de Jesús?* La respuesta se encuentra en un versículo que vimos antes:

> "Por tanto, nosotros todos, mirando a cara descubierta como en un espejo la gloria del Señor, somos transformados de gloria en gloria en la misma imagen, como por el Espíritu del Señor" (2 Co. 3:18).

¡La respuesta está en la transformación! Al entender y obedecer las verdades en las Escrituras, estás siendo gradualmente transformada con la ayuda del Espíritu Santo, de un nivel de madurez espiritual a otro, de modo que puedas seguir a Cristo más de cerca. Ser más como Cristo (reflejar su gloria) es una experiencia progresiva. Cuanto más lo imites, más te parecerás a Él, y con más exactitud podrás reflejar su gloria.

Un paso adelante

La gracia y la gloria de Dios. Estas son dos provisiones de Dios para ti como su hija. Su gracia no tiene límite, no tiene ni principio ni fin, cubre y abarca toda tu vida. Al pasar por cada fase, su gracia se encuentra siempre presente y es siempre suficiente. No tendrás que enfrentar nunca algo que su gracia no pueda o no quiera cubrir. Y cuando tu vida aquí en la Tierra llegue a su fin, su gloria te estará esperando en el otro lado, en las orillas de los cielos, para siempre.

La gracia y la gloria de Dios son bendiciones maravillosas para anticipar, pero ¿qué sucede con el día de hoy? Por favor, no olvides la oportunidad que tienes de enfrentarte con los retos de una manera que le dé honra a Dios. Cuenta con su gracia y refleja su gloria en tus acciones y actitudes cada día. La gracia y la gloria de Dios son bendiciones que te pertenecen hoy y que están aquí para tu satisfacción. Te ayudarán a seguir a Dios de todo corazón, pase lo que pase.

Por lo tanto, aquí tienes la principal manera de seguir adelante. Lee a diario en los Evangelios la vida de Jesús. Por medio de ella, tendrás un mejor entendimiento de lo maravilloso que es Dios y cómo es en realidad. Al hacerse más profundo tu conocimiento de Él, tu vida será transformada y mejorará. Como dijo Pablo, experimentarás el crecimiento espiritual al contemplar y vivir en la gloria del Señor. Serás transformada en la misma imagen, de gloria en gloria por medio su Espíritu.

Con frecuencia Dios retiene las riquezas, los honores y la salud del cuerpo de los hombres… Los honores, las riquezas y la fortaleza física no forman parte de las cosas buenas de Dios; pertenecen al número de cosas que son indiferentes y que Dios concede por igual manera a los justos y a los injustos, del mismo modo que cae la lluvia y brilla el sol. Las cosas buenas de Dios son sobre todo tener la conciencia en paz y el gozo del Espíritu Santo en esta vida.

Charles H. Spurgeon

19

Viajar por el camino de la satisfacción

Porque sol y escudo es Jehová Dios;
gracia y gloria dará Jehová.
No quitará el bien
a los que andan en integridad.

Salmo 84:11

"Si no sabes a dónde vas, cualquier carretera te ayudará a llegar" es una afirmación obsesionante que he tenido en mi mente durante años enteros. Otra manera de decirlo es: "Si te levantas todas las mañanas sin tener ni la más mínima idea de cómo vas a pasar el día, te convertirás en la víctima de lo urgente en lugar de ser dueña de lo importante". ¿Qué tienen que ver estas afirmaciones con la satisfacción? ¿Acaso las metas, los deseos y la ambición no contradicen la idea de sentirse satisfecha?

Soy una gran admiradora de fijarse objetivos. Mi actitud positiva en este sentido empezó hace varias décadas. Todavía recuerdo la primera sesión en la que participamos Jim y yo para fijarnos objetivos. Nos llevó toda la tarde de un domingo crear objetivos para un año, cinco años, diez años y toda una vida. Mientras escribía mis objetivos de aquí a diez años, de repente se me escapó un enorme: "¡Caramba!" que hizo que Jim casi se cayese de su silla. Me había dado cuenta de que, durante los próximos diez años, podía esperar que sucediesen ciertas cosas naturales y normales. Durante esos diez años, mis dos hijas podrían estar casadas, lo cual significaría que Jim y yo nos encontraríamos con el 'nido vacío' y que podíamos ¡hasta ser abuelos! Mis padres, que pasaban entonces de los ochenta años, podrían morirse. Mis pensamientos pasaron por varias posibilidades más relacionadas con la vida, el matrimonio, la salud y el ministerio.

Al poner mis objetivos por escrito y pensar en ellos en términos de tiempo, de repente fui profundamente consciente de los muchos acontecimientos que podrían suceder y cambiar la vida de una persona tanto en el futuro cercano como en el lejano. Me sentí un tanto estremecida, hasta que me acordé del Salmo 84:11 y lo que habíamos tratado en esta sección del libro:

> "Porque sol y escudo es Jehová Dios;
> gracia y gloria dará Jehová..."

Al reconocer de nuevo que Dios sería un sol y un escudo para mí, logré tranquilizarme. Su gracia me prepararía y me acompañaría en cualquier situación en que me encontrase. Una vez que logré tranquilizarme, recuperé esa calma seguridad y ese contentamiento que son el resultado de creer y confiar en las promesas de Dios, que tiene el control. Todo irá bien. ¡Qué bendición son las promesas de este versículo!

Como era natural, durante los siguientes diez años mis padres murieron, y la gracia de Dios estuvo ahí. También como es natural, mis dos hijas se casaron (en un plazo de un año exactamente; otro ¡caramba!), y la gracia de Dios estuvo presente. Y como es natural, tuvo lugar otra serie de retos: operaciones graves, sustos con el cáncer, un nieto con un problema físico, una oferta para escribir un libro, aprender cómo hacerlo. Cosas con las que entonces ni siquiera había soñado, pero que hicieron que mi vida fuese en nuevas direcciones, a veces dramáticas y difíciles, pero la gracia de Dios estuvo presente.

Metas frente a satisfacción

Antes de que pasemos al quinto motivo por el que podemos sentirnos satisfechas, según el Salmo 84:11, quiero hablarte sobre mi perspectiva del hecho de que las metas y la satisfacción no son cosas contradictorias, sino que pueden ser compañeras que nos ayudan en nuestro camino a seguir a Dios con todo nuestro corazón. Pero hay algo para tener en cuenta: tus metas no deben violar las Escrituras. Estoy segura de que has visto o leído acerca de personas que se han abierto paso a codazos hasta llegar a la cima de la escala corporativa o de las industrias. Todo aquel que se pusiera en su camino era empujado de mala manera. O trepaban por encima de ellos y los pisoteaban de camino a la cumbre. Esta no es la clase de ambición y de objetivos con los que estamos soñando. No, las metas que nos interesan a nosotras tienen que ver con una ambición *santa*.

La ambición sagrada es tu deseo de servir a Dios y pasar tu vida dedicando tu energía a cumplir su voluntad. Uno de mis versículos favoritos acerca de la vida describe lo que significa seguir a Dios con todo el corazón. "...He hallado a David hijo de Isaí, varón conforme a mi corazón, *quien hará todo lo que yo quiero*" (Hch. 13:22). Al compartir contigo los beneficios de tener metas, te ruego que no olvides la definición de Dios acerca del hombre o de la mujer que es conforme al corazón de Dios. Y recuerda además ocuparte y orar sobre tus metas, de manera que sean conforme al papel y las responsabilidades que te ha dado Dios, algo que examinaremos en el próximo capítulo.

Las metas proveen dirección y hacen que tus sueños diarios se conviertan en datos concretos. Los objetivos son afirmaciones sobre el futuro, lo que crees que puede ser la dirección en la que Dios te está llevando. Las metas traen el futuro (si es la voluntad del Señor) al presente de modo que puedas hacer algo sobre el plan de Dios para ti hoy. No tener idea o muy poca idea de la dirección de tu vida puede hacer que te preocupes y te sientas inquieta. Los objetivos te ayudan a hacer planes de cara al futuro y el futuro de tu familia, que producirán contentamiento y confianza. ¿Sabes lo que dice Proverbios 3:5-6? Al leer estos versículos ahora, fíjate que el deseo del escritor es tener la dirección de Dios al viajar, por así decirlo, por la vida.

> "Fíate de Jehová de todo tu corazón, y no te apoyes en tu propia prudencia. Reconócelo en todos tus caminos, y él enderezará tus veredas".

Las metas proveen un enfoque. Como mujer ocupada, te llevarán y te traerán de un lado a otro, pero ¿te has dado cuenta recientemente de que estás siempre ocupada? Por ejemplo, ¿estás lo suficientemente comprometida en los aspectos en verdad importantes de la vida? ¿Es posible que estés perdiendo el tiempo corriendo de un lado a otro, ocupándote y realizando esfuerzos secundarios, que te dejan poco tiempo para atender los aspectos principales de la familia, del hogar y del ministerio? Pablo escribió en Filipenses 3:13: "...*una* cosa hago...". Asegúrate de que no estés dispersa haciendo "demasiadas cosas a la vez". Las metas son estupendas porque ponen límites a tu vida y producen la calma en medio del caos. Tener objetivos asegura que te concentres en los sucesos más importantes y que rechaces los otros. Centrarte te da una sensación de satisfacción al ir adelante y al dar pasos concretos día tras día.

Las metas te sirven de motivación. Me siento muy emocionada por las mañanas cuando me levanto de la cama, porque sé la dirección de la voluntad de Dios tal como ha sido definida por mis objetivos, porque los escribí basándome en su Palabra. Se los entregué a Él y oro por ellos todos los días en caso de que quiera que los cambie, de modo que no tengo que sentirme ansiosa acerca de la dirección principal de mi día o dónde gastar mi limitado tiempo y energía. Tengo planes basados en metas que me he trazado con la ayuda de Dios. Esa fuerza tan poderosa también puede ser tuya cuando establezcas la dirección en lo que crees que es la voluntad de Dios. Así durante todo el día, puedes hacer posible que el poder capacitador del Espíritu Santo obre por medio de ti y de tu plan al servir a Dios y a otros.

Las metas te sirven de guía. ¿Cómo tomas decisiones? He descubierto que sin metas, es posible que mis decisiones se vean grandemente influenciadas por los caprichos y las exigencias de otros, o que las tome por defecto. Muchas de las decisiones que tomamos a diario son por el bien y el bienestar de nuestras familias, y algunas las tomamos con cierto grado de espontaneidad. Pero es posible también que unas cuantas las tomemos porque no se nos ha ocurrido una buena razón para decir que no. Sin embargo, con objetivos basados en la voluntad de Dios para tu vida, tendrás una idea mucho mejor acerca de cómo tomar las mejores decisiones —las que sean santas—. Estas darán como resultado confianza y satisfacción, así como vivir de una manera productiva.

Cinco motivos más por los que puedes sentirte satisfecha

¿Te das cuenta de por qué los objetivos son importantes? Los objetivos han sido como un ancla en mi vida, de manera que disfruto al recordar lo bueno que son. Puedo vivir satisfecha sabiendo que Dios me ha dado un mapa para que lo sirva por medio de los objetivos que puse por escrito hace muchos años. Por supuesto que han cambiado y los he tenido que modificar al suceder la vida, pero durante los últimos veinticinco años, he seguido la dirección de Dios por medio de estos objetivos. Y si Dios quiere, tengo planeado continuar su dirección hasta que vea a Jesús cara a cara. Tengo la esperanza de que escucharé su alabanza: "...Bien, buen siervo y fiel; sobre poco has sido fiel, sobre mucho te pondré; entra en el gozo de tu señor" (Mt. 25:21). ¡El contentamiento es una maravillosa sensación! Por lo tanto, hagamos un pequeño repaso acerca de por qué podemos sentirnos satisfechas:

Razón n.° 1: Dios es tu sol. Tienes su provisión. De la misma manera que el sol es la fuente de toda la vida física, Dios es la fuente de toda la vida, tanto de la física como de la espiritual. *No tienes que preocuparte de las provisiones.*

Razón n.° 2: Dios es tu escudo. Tienes su protección y, de la misma manera que un escudo sirve de protección en la guerra, Dios es tu fuente de seguridad y de protección. *No tienes que preocuparte de luchar sola en contra de los enemigos.*

Razón n.° 3: Dios te concede su gracia. Tienes su gracia y su suficiencia. Cuando la necesitas, Él provee todas las cosas por medio de su gracia. *No tienes que preocuparte de ser lo suficientemente fuerte.*

Razón n.° 4: Dios te dará gloria. Tienes la promesa de Dios de que Él te dará gloria —una gloria eterna—, sin importar cómo o cuándo te mueras. *No tienes que preocuparte de tu destino eterno.* Además, disfrutarás un poco de la gloria de Jesús aquí en la Tierra.

Hay algunas razones maravillosas por las que puedes confiar en Dios y sentirte satisfecha, ¿verdad? Pero veamos ahora la quinta y última razón del salmista, tal como aparece en el Salmo 84:11.

Razón n.° 5: Dios da lo que es bueno.

> Porque sol y escudo es Jehová Dios;
> gracia y gloria dará Jehová.
> No quitará el bien a los que
> andan en integridad.

Puedes sentirte satisfecha al saber que tu buen Dios solo da lo que es cien por ciento bueno o beneficioso para ti. Me quedo siempre asombrada cuando leo el contraste de Jesús entre los "malvados" padres terrenales que dan cosas buenas a sus hijos y nuestro Padre celestial, que hace incluso más por sus hijos:

> ¿Qué hombre hay de vosotros, que si su hijo le pide pan, le dará una piedra? ¿O si le pide un pescado, le dará una serpiente? Pues si vosotros, siendo malos, sabéis dar buenas dádivas a vuestros hijos, ¿cuánto más vuestro Padre que está en los cielos dará buenas cosas a los que le pidan? Así que todas las cosas que queráis que los hombres hagan con vosotros, así también haced vosotros con ellos; porque esto es la ley y los profetas (Mt. 7:9-12).

Vivir en una sociedad pudiente tiende a distorsionar nuestro punto de vista respecto a lo que es bueno. Confundimos las "cosas buenas" de la vida según nuestra opinión con lo que Dios considera que es "bueno" en su efecto beneficioso. Con frecuencia nuestro "bueno" se define por las posesiones, como autos, casas, vacaciones y dinero, las "cosillas" de la vida; sin embargo, el "bueno" de Dios se define por su naturaleza: "Toda buena dádiva y todo don perfecto desciende de lo alto, del Padre de las luces, en el cual no hay mudanza, ni sombra de variación" (Stg. 1:17). Lo bueno de Dios es perfecto, mientras que lo que nosotros entendemos por bueno —lo bueno de la humanidad— ha quedado empañado por el deseo mundano, por la avaricia y por la fluctuación de los valores. Dios quiere darnos lo que es *siempre bueno*, y es preciso que nos aseguremos de que nuestro "bueno" concuerde con el "bueno" que ha sido revelado en la Biblia.

> *En el mundo, hay muchas cosas buenas, pero tú y yo necesitamos preguntar: "¿Son esas cosas lo mejor para mí?".*

Examinemos la verdad de la bondad de Dios en el Salmo 84:11. Para empezar, este es un hecho maravilloso acerca de Dios y su naturaleza. La bondad es uno de sus atributos y es además una promesa. ¿Qué es lo que tienes? ¿Qué posees? Sea lo que fuese (o no fuese), Dios te ha dado cosas beneficiosas que son bendiciones de lo alto, cosas que necesitas para tu servicio y peregrinaje durante la vida. Esto incluye las necesidades de la vida y puede, posiblemente, incluir algunos bienes materiales.

Pero aquí hay una trampa: en el mundo hay muchas cosas buenas, por lo que tú y yo necesitamos preguntarnos: "¿Son esas cosas lo mejor para mí?". He aquí unas sencillas pruebas de las Escrituras, que te ayudarán a decidir si algo que quieres o algo que deseas hacer es "bueno", según lo define la Palabra de Dios. Esto, como es natural, significa que es algo que Dios quiere para ti.

Prueba n.° 1: ¿Es digno de una hija de Dios? "Todas las cosas me son lícitas, mas no todas convienen…" (1 Co. 6:12).

Prueba n.° 2: ¿Me esclavizará? "…todas las cosas me son lícitas, mas yo no me dejaré dominar de ninguna" (1 Co. 6:12).

Prueba n.° 3: ¿Impedirá el crecimiento espiritual de otros? "Por lo cual, si la comida le es a mi hermano ocasión de caer, no comeré carne jamás, para no poner tropiezo a mi hermano" (1 Co. 8:13).

Prueba n.° 4: ¿Producirá crecimiento espiritual? "Todo me es lícito, pero no todo conviene; todo me es lícito, pero no todo edifica" (1 Co. 10:23).

Para resumir: si hay algo que no tienes, no deberías desearlo porque no es lo que necesitas, de lo contrario Dios ya te lo habría dado. Ora, pero recuerda que Dios no retiene nada que sea bueno para ti que necesites ahora mismo, así que anda con cuidado cuando *pienses* que te falta algo y cuando traces tus objetivos. Es una afrenta para Dios y un desprecio a su carácter creer que necesitas algo y que Él no te lo está dando. ¡La bondad de Dios es inmensa y sorprendentemente maravillosa!

Adelanto respecto a la satisfacción

El concepto de confiar en Dios fue algo que vi con toda claridad hace algunos años cuando, como te conté con anterioridad, Jim dejó su trabajo muy bien pagado para matricularse en el seminario. Aunque me sentía, en general, satisfecha con vivir en una casa más pequeña con mucho menos dinero, hubo dos cosas con las que luché. En realidad, no eran cosas muy importantes, pero me obsesionaban. Cada vez que estaba en nuestra pequeña sala de estar, me tenía que sentar en un sofá al que se le salía el material de relleno de la cubierta desgastada y, cuando levantaba la vista, me encontraba con unas manchas muy feas en el techo, que indicaban que el tejado goteaba. Los reducidos ingresos de Jim eran suficientes para vivir, pero no para reemplazar el sofá o arreglar el tejado. Me sentaba todos los días en aquel sofá lleno de bultos para orar y miraba al techo con sus manchas marrones. *Hemos renunciado a muchas cosas para servirte, Dios mío* —pensaba—.

¿Por qué, por qué no provees tú la ayuda en estos dos aspectos? (No puedo creer lo descarada que era).

Después de memorizar y de meditar en el Salmo 84:11, por fin me di cuenta de que Dios ya me había dado lo que era bueno y que iba en contra de su naturaleza no hacerlo. Puesto que Él no había considerado oportuno reemplazar aquello que me molestaba a la vista, llegué a la conclusión de que yo no necesitaba lo que Él evidentemente no había provisto. Así que cambié mi manera de pensar y puse mis deseos bajo control, reduciéndolos a fin de agradecer lo que mi Dios, lleno de gracia, ya me había dado y ¡por fin pude sentirme satisfecha!

Cuando hablo con mujeres en las conferencias acerca de esta manera de discernir, me gusta siempre terminar contando lo que le sucedió a ese tejado. Jim y yo fuimos los anfitriones de un estudio bíblico en nuestra pequeña casa, que se reunía todos los viernes por la noche. Era evidente que todo el mundo podía ver las manchas marrones en el techo —era imposible no verlas—, y que comentaban continuamente sobre ello. Incluso me di cuenta de que colocaban sus sillas de modo que no estuviesen situadas debajo del techo combado, por si las moscas. Un sábado por la mañana, sonó el teléfono, y Jim lo contestó, pero no había nadie en la línea. Entonces sonó el timbre de la puerta, y Jim fue a abrirla…, pero no había nadie allí. Sobre la alfombrilla, había un sobre lleno de dinero… ¡Suficiente como para arreglar el techo! No sabemos a quién usó Dios para proveer sus bendiciones para nosotros, pero nos acordamos de nuevo de que las buenas cosas de Dios siempre las recibimos de acuerdo con sus planes. Él prometió que no quitaría el bien a los que andan en integridad ¡y lo dijo en serio!

Fuentes de satisfacción

Todo río tiene un manantial, y lo mismo sucede con las bendiciones de Dios. Como expresa una doxología que se canta con frecuencia: "Bendito sea Dios de quien fluyen todas las bendiciones". Una de las abundantes bendiciones de Dios, que tanto necesitamos, es la satisfacción. Una satisfacción que solo Él puede darnos. Mira, reconoce y aprecia estas fuentes de preciosa paz y gozo.

La satisfacción tiene su fundamento en Dios. Esto es algo que podemos ver en las cinco razones que hemos examinando, junto con muchas más que ofrece Dios a sus hijos. Falta de satisfacción indica falta de confianza en la provisión de Dios. Si yo creo que nuestro Dios amante y perfecto no retendrá lo que es bueno y necesario, tengo la absoluta seguridad de que Dios proveerá *siempre.* ¡Es así de sencillo! Lo único que necesito es tener paciencia y contentamiento.

La satisfacción se produce cuando nuestra devoción se centra en Él. Jesús dijo que no podemos servir a dos señores (Mt. 6:24). El materialismo —y especialmente el dinero y lo que compra— puede convertirse en un señor o amo. Y es una tentación constante. El dinero no es malo de por sí, porque es neutral. No es ni bueno ni malo, es "el *amor* al dinero" lo que se convierte en nuestro amo (1 Ti. 6:10). Una auténtica prueba de tu manera de pensar es preguntar: ¿qué persona o cosa ocupa la mayor parte de mis pensamientos, mi tiempo y mis energías? Si tu respuesta no es Dios, estás sirviendo al señor equivocado.

La satisfacción es una perspectiva aprendida. Uno de los pasajes que más anima en la Biblia (al menos a mi corazón) es la declaración de Pablo en Filipenses 4:11-12: "...he *aprendido* a contentarme, cualquiera que sea mi situación. Sé vivir humildemente, y sé tener abundancia; en todo y por todo estoy enseñado, así para estar saciado como para tener hambre, así para tener abundancia como para padecer necesidad".

Al entregar cada vez más tus temores y deseos a Dios, confiar en Él y creer en su bondad, descubrirás que es fiel respondiendo a cada una de tus auténticas necesidades. Confiarás cada vez más en Él. Al igual que Pablo, *aprenderás* a sentirte satisfecha porque has decidido confiar en el Padre celestial amoroso y lleno de gracia.

Un paso adelante

Cuando mis hijas eran más jovencitas, íbamos con frecuencia al centro comercial para comprar algunas cosas. Tan pronto como llegábamos a la primera tienda, las niñas empezaban a pedir: "¡Quiero eso!" o "¿Puedo tener eso?", durante todo el tiempo que estábamos allí. Después de haber ido a varias tiendas, resultaba bastante irritante, porque no *necesitaban* nada de lo que querían. Jim y yo, como padres cariñosos, les habíamos dado ya todo lo que *necesitaban*... Y mucho más.

¡Con demasiada frecuencia es así como actúo con Dios! Le estoy constantemente pidiendo cosas y más cosas. ¿Y tú qué me dices? ¿Te pasa también a ti? He aquí algo en que pensar: ¿Qué es lo que Dios te ha negado que crees que realmente necesitas? La sincera respuesta es: ¡Nada! Si lo hubieras necesitado, tu buen Dios ya te lo habría dado. Continúa adelante en tu viaje, sigue a Dios con todo tu corazón haciendo lo siguiente:

- *reconociendo* la bondad de Dios,
- *dándole gracias* a Él por su actual provisión y
- *confiando* en que va a continuar proveyendo para tus necesidades según *vayan surgiendo*.

Si haces esto, ¡acabarás por convertirte en una mujer satisfecha!

Las promesas de Dios son como salvavidas.
Evitan que el alma se hunda
en el mar de las tribulaciones.

20

Caminar en paz y libertad

Porque sol y escudo es Jehová Dios;
gracia y gloria dará Jehová.
No quitará el bien
a los que andan en integridad.

SALMO 84:11

Estoy segura de que te encanta y agradeces la bienvenida que te da el sol cada glorioso nuevo día. ¡Qué manera de despertarte, de comenzar de nuevo! ¡Y pensar que Dios es un sol para ti, que te da energía, gozo, esperanza y visión!

He aquí algo más con lo que puedes contar al despertarte cada mañana. Dios promete que "…No quitará el bien a los que andan en integridad". Cualquier y todas aquellas cosas que sean buenas para ti, tu Padre celestial te las dará, las suplirá y las proveerá. ¡Esta es una promesa que te hace Él a ti!

¿Y qué es una promesa? El diccionario define *promesa* como una afirmación, ya sea oral o escrita, que asegura que alguien hará o no hará algo. Una promesa es una garantía, un juramento o una afirmación solemne. Estoy segura de que habrás hecho promesas en tu vida. Si estás casada, habrás intercambiado votos matrimoniales y habrás prometido un amor *eterno* a tu esposo. Si eres miembro de una iglesia local, lo más posible es que te hayas comprometido a cumplir una serie de normas que regulan el ministerio de esa iglesia. Y como ciudadana, prometiste tu lealtad a la bandera y a las autoridades gubernamentales de la nación. Tendrás bastante experiencia con promesas, compromisos y afirmaciones solemnes.

Aprender acerca de las promesas de Dios

En esta sección, hemos estado buscando el camino de la satisfacción y hemos descubierto cinco provisiones —cinco promesas— que Dios nos ha hecho en el Salmo 84:11.

- Dios es un sol.
- Dios es un escudo.
- Dios nos concede gracia.
- Dios nos da gloria.
- Dios es bueno y da buenas dádivas.

¿Y qué es lo que nos permite saber que Él va a cumplir y que podemos depender de estas promesas? La respuesta se encuentra en la naturaleza misma de Dios. *El poder de cualquier promesa depende de la persona que la hace.* Eso significa que puedes confiar en las promesas que Dios te hace sobre la provisión, la protección, la paz, la gloria final y la bondad, gracias a su carácter y a sus atributos, porque Él es el Dios "…que no miente…" (Tit. 1:2). ¡Este es Dios! Puedes aceptar con toda seguridad cualquier promesa que Él hace en su Palabra, incluidas las que se encuentran en el Salmo 84. Y ¡buenas noticias! ¡Hay *muchas* otras maravillosas promesas en tu Biblia! ¡Algunos eruditos calculan que hay unas ocho mil!

Dios ama y se interesa de manera genuina y perfecta por su creación, incluida tú. Su compasión ha quedado demostrada por sus muchas promesas y su cumplimiento a lo largo de los siglos, pero existen nuevos hechos acerca de las promesas de Dios que debemos tener en mente:

- Muchas promesas están limitadas a pueblos específicos o grupos de personas, como Abraham y la promesa de

Dios sobre la tierra de Israel; la familia de Jacob y la promesa de que regresarían del exilio; el rey David y la promesa que le hizo Dios acerca de un reino eterno.

- Hay muchas promesas que son ilimitadas y se aplican a todos los creyentes de todos los tiempos.
- Muchas de las promesas de Dios son condicionales. Esto quiere decir que Dios hará o dará algo, si haces algo a cambio a su vez.

Recibir las promesas de Dios

En el Salmo 84:11, Dios promete ser nuestro sol y nuestro escudo, dar gracia, gloria y todas las cosas buenas que necesitaremos. Sin embargo, Él tiene una condición:

> "…No quitará el bien a los que andan en integridad".

Piensa en ello. Experimentar todo el impacto y beneficio de estas promesas depende de la condición de que *andes en integridad*. Otras versiones lo traducen diciendo:

- "A las vidas inocentes, nunca les negará su generosidad".
- "No retiene la prosperidad a aquellos que llevan vidas intachables".[1]

Dios es un dador sin límites, le *encanta* dar y *quiere* dar. Dar forma parte de su naturaleza, pero cuando se trata de su promesa en el Salmo 84:11, debemos obedecer la única condición de Dios, de otra forma sufriremos y no recibiremos ni disfrutaremos las bendiciones que Él ofrece y que producen satisfacción, paz y libertad. Todo lo que Dios nos pide es que andemos en integridad, que llevemos vidas inocentes e intachables. Nuestra desobediencia limita nuestra capacidad para recibir lo que da el Señor. Nuestra falta de confianza en Dios pone límite a nuestras bendiciones.

Aunque no sé quién escribió esto, la sabiduría y la verdad de estas palabras transforman la vida:

> Dios hace una promesa,
> la fe la cree,
> la esperanza se anticipa a ella,
> la paciencia la espera tranquilamente,
> el amor toma nota de cualquier condición y la obedece.

El amor obedece los mandamientos y las condiciones de Dios. Para recibir las bendiciones que da Dios en el Salmo 84:11, es preciso que andemos en integridad y de modo intachable.

Vivir de modo intachable

¿Vivir de manera intachable? ¿Acaso es esto posible? No, no lo es, si nos referimos a la perfección, sin pecado. Nadie ha estado o se encuentra sin pecado, excepto Jesús. De modo que ser intachable o vivir una vida totalmente recta debe querer decir otra cosa. Andar en integridad es seguir a Dios con todo tu corazón, es tu profundo deseo de caminar con Él, tan de cerca que tu conducta se vuelve más y más santa, más y más como la de Él, más y más como Cristo. Es intentar ser intachable en tu corazón y en tus acciones. El hecho mismo de que Dios promete honrar a esta clase de persona significa que es posible andar en integridad. Tal vez digas: "¡No, no se puede lograr!". Pero eso no es verdad, porque Dios nunca nos pide que hagamos algo sin proveernos los medios. ¡Sigue leyendo!

Hubo una vez un matrimonio santo, un matrimonio conforme al corazón de Dios. Los dos amaban a Dios e intentaban caminar de todo corazón en sus caminos, aunque tenían el alma destrozada porque no podían tener hijos —un grave estigma social y religioso en su cultura—. Su vida era menos que ideal y no era lo que habían soñado que sería. Sin embargo, aquí tenemos la descripción para siempre de Dios acerca de Elisabet y su marido Zacarías.

> "Ambos eran justos delante de Dios, y andaban irreprensibles en todos los mandamientos y ordenanzas del Señor" (Lc. 1:6).

Y aquí encontramos otro ejemplo, el de Maria Taylor, la esposa de Hudson Taylor, un misionero que fue a la China y fundó la Misión al Interior de la China. En su lecho de muerte, la Sra. Taylor le dijo a su esposo: "Sabes, querido mío, durante estos diez últimos años, no ha habido ni una nube entre mi Salvador y yo. No puedo lamentar tener que irme con Él". Durante diez años, no había existido ningún problema entre ella y Dios. ¡*Eso* sí es llevar una vida intachable! Una vida en la que no hay el menor resentimiento, sin amarguras, sin rencores entre Dios y tú. Esto también representa una vida en la que no hubo resentimientos, rencores o amarguras hacia ninguna otra persona. ¡De corazón intachable!

Al igual que Elisabet, Zacarías y Maria Taylor, puedes disfrutar las bendiciones de las promesas de Dios (incluidas las que aparecen en la lista en el Salmo 84:11). ¿Qué necesitas hacer?

Tener cuidado del pecado

El *pecado* —que significa no estar a la altura de las normas de Dios, tal como lo revela su Palabra— limita tu vida. Te impide participar en muchas de las bendiciones que Dios desea derramar sobre ti. Pero además impide que uses tu habilidad para servir al Señor y a otros. Cada día puedes elegir cómo vivir tu vida. Dios te dice: "¡No peques!". Decide andar en integridad y ser bendecida y bendecir a otros. Esto significa que debes andar con cuidado con el pecado y resistirlo cuando te encuentres con él.

Satanás y su sistema mundial dice justo todo lo contrario: "Vive como quieras, haz lo que te apetezca, lo que quieras. Si te sientes bien haciéndolo, hazlo. Vive sin restricciones, sin normas, sin limitaciones. ¡Esa es la auténtica libertad!". Pero según Dios, los que practican la definición del mundo respecto a la libertad se perderán la libertad definitiva y la provisión, la protección, la gracia, la gloria y el bien que Él ofrece. ¡Ese es un elevado precio por hacer lo que te apetezca y pasarla bien!

Como persona que no se quiere perder ninguna de las bendiciones de Dios, lo que pienso es lo siguiente: tengo que enfrentarme con el pecado —cualquier pecado, todo el pecado, todos ellos, los grandes y los pequeños—, porque cada pecado sigue siendo pecado a los ojos de Dios. Por ello, me esfuerzo por cumplir estos pasos para seguir a Dios con todo mi corazón.

- *Saca todo a la luz.* Pídele a Dios en oración: "Examíname, oh Dios, y conoce mi corazón; pruébame y conoce mis pensamientos. Y ve si hay en mí camino de perversidad y guíame en el camino eterno" (Sal. 139:23-24).
- *Reconoce el pecado.* Una vez que descubras el pecado, nómbralo y reconócelo. No lo niegues, no lo escondas, no lo racionalices o comentes acerca de él. "Por cada pecado, Satanás está dispuesto a dar una excusa". Haz como hizo David cuando le abrió su corazón a Dios: "Mi pecado te declaré, y no encubrí mi iniquidad..." (Sal. 32:5).
- *Confiesa el pecado.* Confesar es sencillamente admitir algo que está mal. Confiesa tu pecado a tu Dios santo y omnisciente. La oración de David continua diciendo: "...Confesaré mis transgresiones a Jehová..." (v. 5).
- *Recibe el perdón.* El más grande beneficio de la confesión es la libertad y el alivio que produce. David continúa abriendo su corazón: "...y tú perdonaste la maldad de mi pecado" (v. 5). ¿Y cuál es el bendito resultado? David escribe en el versículo 1: "Bienaventurado [o feliz]

aquel cuya trasgresión ha sido perdonada, y cubierto su pecado".

- *¡Sigue adelante!* Una vez que la culpa debilitante causada por su pecado fue eliminada y sintió en su corazón la libertad del perdón, David tuvo restaurada su relación con Dios. Estaba caminando con Él y calentándose al sol de sus abundantes bendiciones, siendo de nuevo libre para servirle a Él y a su pueblo. David cita a Dios en el versículo 8: "Te haré entender, y te enseñaré el camino en que debes andar...".

Enfrentar el pecado en la vida real

En algunos de mis libros, hablé acerca de una época en la que viví bajo la sombra de la posibilidad de que a Jim lo destinasen a Oriente Medio durante la Operación Tormenta del Desierto. ¿Cómo me enfrenté con esta crisis en mi vida?

Decidí hacer ayuno y orar todos los días hasta la cena, mientras siguiera existiendo la posibilidad de que el ejército llamara a Jim. Sin embargo, el ayuno y las oraciones no significarían nada si no me enfrentaba con el pecado. De modo que mi primer paso cada día y con cada oración era preguntar: "Dios mío, ¿hay algo en mi vida que pueda impedirte contestar a mis oraciones por mi esposo y la familia?". Y cuando Dios traía algo a mi atención, yo hacía todos los esfuerzos posibles por ocuparme de ello y resolverlo ante Dios y en mi vida.

Por ejemplo, una de las cosas que Dios trajo a mi mente fue nuestros donativos económicos a la iglesia. Estábamos dando, pero no sobre una base regular. Era más bien algo que hacíamos cuando nos acordábamos o teníamos el tiempo para atenderlo. No estábamos siendo fieles ni obedientes en este aspecto de nuestra vida cristiana (1 Co. 16:2; 2 Co. 9:6-8). No quería descuidar ninguna cosa que Dios me pidiese, mientras oraba por la continua presencia de Jim en el hogar. Cuando le hablé acerca de mi convicción de dar, reconocimos y confesamos rápidamente este fracaso a Dios y empezamos a ser más fieles. No estábamos intentando comprar el favor de Dios, lo que estábamos haciendo era responder a su enseñanza en la Biblia sobre un aspecto de la obediencia fiel.

Poner en práctica tus prioridades

Otra manera de caminar rectamente es poner en práctica las prioridades que nos ha dado Dios. Tener una conciencia limpia ante Dios en lo que al pecado se refiere mantiene abierta la comunión con Él. Y el hecho de que pongas en práctica sus prioridades hace posible que estés dispuesta a también poner en práctica la voluntad de Dios. De la misma manera que la Palabra de Dios te habla sobre el pecado y cómo resolverlo, su Palabra te revela los papeles que debes desempeñar y tus responsabilidades. Sus prioridades para las mujeres incluyen:

- *Caminar con el Señor.* Crecer espiritualmente por medio de la lectura y el estudio de las Escrituras. Y al mismo tiempo, enseñar a otros.
- *La familia.* Fomentar una entrega profunda a amar, servir, apoyar y orar fielmente por los miembros de la familia.
- *El hogar.* Crear un ambiente de cariño, y de belleza y orden para otros.
- *El ministerio.* Dedicarse de lleno y crecer en el servicio y estímulo a otros.

Puedes caminar con rectitud cuando tienes en cuenta las prioridades de Dios en tu vida, lo cual tiene realmente que ver con lo más básico. Por ejemplo, hace poco hablé con una mujer que me dijo que llevaba dieciséis días sin hablarle a su marido. ¡Amiga mía, esos son dieciséis días de no andar en rectitud! ¡Esos son dieciséis días sin las bendiciones de Dios! ¡Esos son dieciséis días durante los cuales las oraciones quedan sin contestar! Su silencio fue a propósito y se convirtió en algo diario. Su marido había hecho algo que a ella no le había gustado, de manera que lo castigó tratándolo con desprecio. Decidir desobedecer el propósito de Dios de honrarse el uno al otro en el matrimonio es pecado.

Otro ejemplo tuvo lugar cuando una madre agotada me llamó con una súplica para que la ayudase:

—¡Se me está hundiendo el mundo bajo los pies! ¡Estoy al borde de un colapso nervioso!

Una vez que conseguí tranquilizarla le pregunté:

—¿Qué es lo que deberías estar haciendo que no estás haciendo?

Se produjo un silencio impresionante.

—Bueno —comenzó a decir tímidamente—. No me levanto por las mañanas, así que mi familia se las tiene que arreglar sola. No tengo las fuerzas para lavar la ropa, así que no tenemos ropa limpia. Por las tardes, me siento tan cansada que hago que mi marido traiga algo de comida hecha a casa cuando vuelve del trabajo. ¡Todo está en un estado caótico!

La paz, el amor y el gozo reinarán en tu corazón y en tu hogar cuando cumplas la voluntad de Dios.

¿Da eso la impresión de que Dios está bendiciendo la vida de esta mujer? ¿No crees que su familia está pagando las consecuencias de su descuido y de su pereza? Proverbios 31:27 dice: "Considera los caminos de su casa, y no come el pan de balde". Esa es la voluntad de Dios. El plan de Dios. La prioridad de Dios. Sí, todas las mujeres tienen días en los que se sienten agotadas de vez en cuando, pero esa no debe ser la norma.

La paz, el amor y el gozo reinarán en el corazón *y* en el hogar de una mujer cuando ella cumpla la voluntad de Dios. ¿Cuál es el resultado? "Se levantan sus hijos y la llaman bienaventurada; y su marido también la alaba" (Pr. 31:28).

Así que, mi querida lectora, tu papel ha quedado claramente definido: el crecimiento espiritual, el amor y el cuidado de tu familia, servir a Dios y a otros. ¡Si deseas las bendiciones de Dios en tu vida, debes intentar con todo tu corazón caminar rectamente practicando las prioridades que Él ha planeado para ti!

Un paso adelante

¿Has estado contando tus bendiciones? El Salmo 84:11 está repleto de ellas. Las bendiciones abarcan todas las facetas, edades, etapas y necesidades de tu vida, y todas ellas son en resumen la satisfacción —la dulce satisfacción—. En un versículo de los más de treinta y un mil de la Biblia, Dios te ofrece *cinco* provisiones con una sola *condición*. Él te ofrece *cinco* promesas y solo te pide *una* cosa a cambio: que continúes adelante, siguiendo a Dios con todo tu corazón. Para ello solo hay una cosa que es preciso que hagas: que andes en integridad. Dios es tu sol y es tu escudo, Él te concede su gracia y su gloria. No retiene ninguna buena cosa. Todas te pertenecen cuando haces tu parte: amar a Dios lo suficiente como para cumplir sus mandamientos (Jn. 14:15).

Mi buena amiga lectora, *puedes* sentirte satisfecha porque Dios tiene la intención de que disfrutes todo lo que Él desea que tengas para este mismo momento. Y cuando enfrentes otra circunstancia, tendrás todo lo que necesites. Cuando reduzcas tus deseos a lo que tienes, dándote cuenta de que tienes todo lo que Dios desea darte para tus necesidades actuales y tu bienestar, tendrás contentamiento. Estarás de acuerdo con Dios acerca de su bondad y su provisión. Confía en Él hoy y en su glorioso fin. En cada uno de los lugares donde te detengas en tu camino recorrido con Él en rectitud, tu alma estará en paz.

Charles H. Spurgeon, conocido predicador británico y pastor, citó con frecuencia las dos últimas estrofas de una composición musical coral alemana que revela el profundo contentamiento que se encuentra en el Salmo 84:

> Sea dueño el Señor para ser tu sol, tu escudo;
> ningún bien te faltará.
> Él te concede gracia, y no tardará en revelarse
> su gloria, siempre incalculable.
>
> Su poderoso nombre confesando,
> camine en paz y en libertad.
> ¡Oh Señor, cuán rica bendición
> para aquel que en ti confía!

Sección 6

Cómo ser una mujer segura

Para servir en esta edad,
para cumplir mi llamamiento;
¡espero que todos mis poderes
en pleno hagan la voluntad del Maestro![1]

Carlos Wesley

21

Creer y vivir el plan de Dios

Todo lo puedo en
Cristo que me fortalece.

Filipenses 4:13

Si vinieras a mi casa y entraras en nuestra biblioteca, llegarías de inmediato a la conclusión de que somos estudiantes de la Biblia. Debido a que los dos somos maestros de la Biblia, tenemos estanterías enteras llenas de comentarios de la Biblia, diccionarios bíblicos y enciclopedias de la Biblia, junto con numerosas obras devocionales y volúmenes de teología y sobre vida cristiana. Pero lo que es posible que te sorprenda es que además tenemos algunos libros de la serie estadounidense *Chicken Soup* [Sopa de pollo].[2] Estos libros contienen maravillosas e instructivas historias acerca de personas reales, y me he identificado con el volumen *Chicken Soup for the Writer's Soul* [Sopa de pollo para el alma de los escritores] por motivos evidentes.

Una historia de este libro *Chicken Soup* fue conmovedora e inspiradora, y tenía que ver con una muchacha que pertenecía a las Niñas Exploradoras, cuya madre siempre había deseado ir en un viaje con su hija. Pero como era una madre soltera, que trabajaba como mesera, apenas si tenía suficiente dinero como para sus gastos básicos, menos para viajar.

Esta joven adolescente se dio cuenta de que en la revista de las Niñas Exploradoras decía que el miembro que vendiese más galletas durante el próximo año se ganaría un viaje alrededor del mundo, con todos los gastos pagados, para sí misma y para uno de sus padres. Esta muchacha de trece años no era más lista que las otras exploradoras ni más extrovertida, de hecho era muy tímida, pero tenía un sueño para su madre y estaba convencida de que podría vender muchas cajas de galletas.

¿Cuál fue el resultado? Cuando terminó la temporada de venta de galletas y llegaron las cifras finales, esta muchachita había vendido 3526 cajas. ¡Se ganó el viaje alrededor del mundo para ella y para su madre! ¡Desde entonces Markita Andrews ha vendido más de 42.000 cajas de galletas y le han pedido con frecuencia que hable en seminarios de venta y de motivación para corporaciones alrededor del mundo![3]

Esta muchacha creía en algo y con toda confianza logró que se convirtiese en realidad, pero por muy inspiradora que resulte su historia, tú y yo tenemos la oportunidad de conseguir aún más grandes resultados en nuestras vidas.

Dar un paseo

Es posible que ni tú ni yo consigamos vender cuarenta mil cajas de galletas (¡ni siquiera cuarenta!), pero si confiamos en Dios y en el plan que tiene para nosotras, también podremos lograr grandes y asombrosas cosas y llevar vidas de máximo uso para Dios. ¿Cómo es esto posible? En mi caso, empezó proponiéndome dar un paseo diario todos los días.

Cuando hacía varios meses que había comenzado esta nueva disciplina, descubrí que necesitaba hacer algo con mi *mente* durante mis paseos. Así que empecé llevando conmigo un paquete de versículos de la Biblia para memorizar y pensar en ellos. ¡Una de esas mañanas resultó ser la mañana que transformaría mi vida! Tomé un nuevo montón de versículos cuando iba a salir. Mi primer versículo fue Filipenses 4:13:

"Todo lo puedo en Cristo que me fortalece".

Mi buena amiga, ni siquiera como escritora puedo encontrar las palabras suficientes para expresar el impacto que estas pocas palabras tuvieron en mi vida ese día, y todos los días desde entonces. Tuve que pararme allí mismo en la acera, al sentir el golpe de esta verdad y el poder de este solo versículo, y repetir una y otra vez estas impresionantes e increíbles palabras.

Hasta el día de hoy, cuando estoy paseando por la calle o haciendo ejercicio en mi cinta, si hay algo en mi vida que hace que me preocupe o que me inquiete (tiendo a ser una persona que se preocupa en exceso), saco este versículo que ahora se encuentra guardado en mi corazón. Me he apoyado en él, mientras cuidaba de mis ancianos padres y de sus necesidades, y vuelvo de nuevo a él cuando mis siempre presentes y llenos horarios me presionan y son demasiado pesados. Cuando descubrí el poder de este versículo tenía dos hijas en edad universitaria con sus vidas de estudios, de salir con chicos y sus preocupaciones respecto al futuro, que me acompañaban durante mis paseos. Además, sigo teniendo la lista de Jim y la mía de fechas tope, compromisos y presiones. Y por supuesto no faltan las preocupaciones normales y los sufrimientos que son el resultado de las relaciones interpersonales: los chismes, las calumnias, los malentendidos y las críticas, y no olvidemos los problemas físicos que aparecen ocasionalmente en escena.

Sí, estas y otros cientos de preocupaciones me acompañan, sin que las haya invitado, en mis paseos, pero ¡también lo hace Filipenses 4:13! De modo que lo vuelvo a sacar cuando surge cada nueva preocupación como un hierbajo indeseable. Ahí está la verdad, la deslumbradora promesa de Dios y su poder estabilizador. Lo llevo conmigo, en mí, en *todo* tiempo. Siempre estimula mi alma y me fortalece frente a lo que tenga que suceder al seguir a Dios, y al mismo tiempo, fortalece mi confianza al enfrentarme con diferentes situaciones relacionadas con poner en práctica el plan de Dios. ¡Me sigo asombrando por el hecho de que "todo lo puedo en Cristo que me fortalece"!

Entender la verdadera confianza

La idea que tiene el mundo de la "confianza" se basa en la confianza en nosotras mismas, en nuestras habilidades y recursos personales, que pueden hacer que sucedan cosas. Pero la confianza a la que se refiere Filipenses 4:13 es confianza en *Dios*. Siente esta verdad al considerar estas traducciones del versículo 13:

- "Yo tengo fuerzas para todas las cosas en él, que me da poder".
- "Nada está por encima de mi poder en su fortaleza que me hace fuerte".
- "Estoy listo para cualquier cosa gracias a la fortaleza de Aquel que vive en mí".
- "Puedo hacer cualquier cosa que me pida Dios que haga con la ayuda de Cristo, que me da la fortaleza y el poder".[4]

¿De dónde ha venido este glorioso versículo? Respuesta: fue inspirado por Dios y escrito por el apóstol Pablo. Mientras se encontraba en la cárcel, Pablo escribió esta epístola para animar y fortalecer a sus amigos cristianos en Filipos. El tema del libro de Filipenses es la vida en Cristo.

En el capítulo 4, Pablo enfatiza especialmente la presencia de Cristo en cada una de las situaciones de la vida diaria. Después de haber mencionado una lista de algunos de sus propios retos (haber sido humillado, haber padecido necesidad, haber pasado hambre e incluso el extremo de tener demasiado), Pablo concluye básicamente: "¡No solo puedo soportar y afrontar esta clase de cosas, sino que puedo hacerlo en *todas* las cosas!". ¿Cómo? Por medio de Cristo, que le infundió su poder en cualquier situación, en todo momento y durante el tiempo que fuese necesario.

Pablo no está hablando acerca de la autosuficiencia. ¡Oh, no! Está informando al mundo entero que su suficiencia depende de una Persona que no es él mismo, la Persona que prometió y cumplió el permitir que Pablo pudiese hacerlo todo, cualquier cosa que fuese precisa, para seguir a Dios con todo su corazón. Imagínate a ti misma enganchada a una vía intravenosa para poder recibir los fluidos y los nutrientes que te mantienen con vida. De la misma manera, Cristo te infunde y te llena de su fortaleza y su poder. En Cristo puedes tener la fuerza necesaria para hacer, realizar y soportar cualquier cosa. El poder del Señor es lo que crea esa confianza segura.

En Cristo puedes tener la fuerza necesaria para hacer, realizar y soportar cualquier cosa.

Aumentar tu confianza

Piensa en tu vida, tus preocupaciones y retos. ¿Cuál es tu temor más grande? Nómbralo y luego ponlo junto a la verdad de Filipenses 4:13. La Palabra de Dios te está diciendo que, en todas las cosas —en cada una de ellas, en absolutamente todo, cualquier cosa, en cada condición por separado o todas ellas juntas—, no hay nada que no puedas hacer, llevar a cabo, vencer y triunfar en ello. ¡No hay nada que no puedas soportar, sufrir o aguantar! Haz que este pasaje de las Escrituras funcione para ti.

- Pablo podía enfrentarse con cualquier cosa... Y tú también.
- Pablo tenía a Cristo en todas las situaciones... Y tú también.

- Pablo dependía de Cristo como su ayuda, su fuente de sabiduría... Tú también puedes hacerlo.
- Pablo recibió estímulo, energía y confianza para cada una de sus necesidades gracias a esta seguridad... Y tú también puedes.

La mujer que camina con Cristo puede enfrentarse con éxito a cualquier cosa y a todo. ¡En *eso* consiste la verdadera confianza basada en la verdad de Dios!

Seguir a Dios con todo tu corazón

Cuando pienso en Filipenses 4:13 y en la provisión de absoluta confianza, lo considero como el versículo definitivo de Dios. Cuando ponemos en acción nuestra fe en Dios y damos los pasos, y aceptamos los riesgos que representa seguirlo a Él de todo corazón, podemos hacer ¡*todas* las cosas! Este versículo es la señal de exclamación de Dios, que apunta a todas sus promesas. Teniendo ahora en mente la verdad de Filipenses 4:13, repasemos las promesas de las Escrituras que hemos descubierto.

La promesa de Dios sobre el éxito. ¡Alcanza el éxito a la manera de Dios! Sigues a Dios de todo corazón cuando conoces su Palabra... Y la obedeces. ¡Y disfrutarás su éxito y sus bendiciones a lo largo del camino! "Nunca se apartará de tu boca este libro de la ley, sino que de día y de noche meditarás en él, para que guardes y hagas conforme a todo lo que en él está escrito; porque entonces harás prosperar tu camino, y todo te saldrá bien" (Jos. 1:8).

La promesa de Dios sobre la valentía. La valentía de seguir a Dios con todo tu corazón es una realidad cuando cuentas con su presencia. "Mira que te mando que te esfuerces y seas valiente; no temas ni desmayes, porque Jehová tu Dios estará contigo en dondequiera que vayas" (Jos. 1:9).

La promesa de Dios sobre una vida excepcional. Sigues a Dios con todo tu corazón cuando piensas sus pensamientos y pones en práctica su voluntad: "No os conforméis a este siglo, sino transformaos por medio de la renovación de vuestro entendimiento, para que comprobéis cuál sea la buena voluntad de Dios, agradable y perfecta" (Ro. 12:2).

La promesa de Dios sobre la humildad. Sigues a Dios de todo corazón cuando haces humildemente lo que está bien, confiando en que Él elige el momento de elevarte y de recompensarte. "Igualmente, jóvenes, estad sujetos a los ancianos; y todos, sumisos unos a otros, revestíos de humildad, porque: Dios resiste a los soberbios, y da gracia a los humildes. Humillaos, pues, bajo la poderosa mano de Dios, para que él os exalte cuando fuere tiempo" (1 P. 5:5-6).

La promesa de Dios sobre la satisfacción. Sigues a Dios con todo tu corazón cuando crees en su bondad y provisión, y caminas en todos sus caminos, "Porque sol y escudo es Jehová Dios; gracia y gloria dará Jehová. No quitará el bien a los que andan en integridad" (Sal. 84:11).

La promesa de Dios sobre la fortaleza. Sigues a Dios con todo tu corazón cuando crees en su poder y cuentas con Él. "Todo lo puedo en Cristo que me fortalece" (Fil. 4:13).

Un paso adelante

Espero que, al llegar a este punto, te hayas dado cuenta de que es posible seguir a Dios con todo el corazón. No habrá nunca un obstáculo que no puedas evitar ni habrá una dificultad que no puedas superar. No habrá nunca un dolor que no puedas soportar, y no habrá nunca un reto que no puedas vencer. Como hija de Dios, puedes hacer todo lo que Dios te pida que hagas en

Cristo que te fortalece, *vive* en ti, te *da* su poder y te *hace* fuerte, lo suficientemente fuerte como para seguirlo y confiar totalmente en Él.

Notas

Una Invitación

1. Salmo 2:11; Juan 4:24; Efesios 2:10.
2. Proverbios 3:6; Deuteronomio 4:29; 13:3; Salmo 86:12; 1 Reyes 14:8; Deuteronomio 10:12.

Capítulo 1: El éxito como algo sencillo

1. Ver el libro de Números, capítulo 1.

Capítulo 3: El camino al éxito

1. La educadora Kathi Hudson en Roy B. Zuck, *The Speaker's Quote Book* [El libro de citas del orador] (Grand Rapids, MI: Kregel Publications, 1997), p. 363.
2. Matthew Henry, *Matthew Henry's Commentary on the Whole Bible* [Comentario de Matthew Henry sobre la toda la Biblia] (Peabody, MA: Hendrickson Publishers, 1991), p. 290.

Capítulo 4: La receta infalible para alcanzar el éxito

1. Sacado del libro de John C. Maxwell, *Corramos con los gigantes* (Miami, FL: Unilit, 2002), p. 58 del original en inglés.

Capítulo 6: Enfrentar lo imposible

1. Elisabeth Elliott, *Let me be a Woman* [Déjame ser una mujer] (Wheaton, IL: Tyndale House, 1977), pp. 75, 97.
2. Herber Lockyer, *Todas las mujeres de la Biblia* (Miami, FL: Vida, 2004), p. 64 del original en inglés.
3. Edith Schaeffer, *What is a Family?* [¿Qué es una familia?] (Old Tappan, NJ: Fleming H. Revell Company, 1975), pp. 13-33.

Capítulo 7: Luchar contra nuestros temores

1. Fuente original desconocida, tomado de Frank S. Mead, *12,000 Religious Quotations* [12 000 citas religiosas] (Grand Rapids, MI: Baker Book House, 1979), pp. 43-44.
2. F. B. Meyer, citado en M. L. Moody, *Notes from My Bible and Thoughts from My Library* [Apuntes de mi Biblia e ideas de mi biblioteca] (Grand Rapids, MI: Baker Book House, 1979), pp. 43-44.

Capítulo 10: Hacer la diferencia

1. Bruce F. Barton, David R. Veerman y Neil Wilson, *Life Application Bible Commentary—Romans* [Comentario bíblico de aplicaciones prácticas: Romanos] (Wheaton, IL: Tyndale House Publishers, Inc. 1992), p. 231.
2. Ver Efesios 4:25; Santiago 5:12; Efesios 4:15.
3. Ver Colosenses 3:8; Efesios 4:28, 31.

Capítulo 11: Renovar tu mente

1. D. L. Moody, *Notes from my Bible and Thoughts from My Library*, p. 258.

Capítulo 12: Seguir la voluntad de Dios

1. Cecil Rhodes en A. Naismith, *Treasure of Notes, Quotes, Anecdotes* [Tesoro de notas, citas, anécdotas] (Grand Rapids, MI: Baker Book House, 1976), p.253.
2. Elizabeth George, *Una mujer conforme al corazón de Dios* (Miami, FL: Unilit, 2001) y Elizabeth George, *El llamado de una mujer de oración* (Miami, FL: Unilit, 2007).

Capítulo 13: El fundamento de la humildad

1. Charles Caldwell Ryrie, *Biblia de Estudio Ryrie* (Grand Rapids, MI: Editorial Portavoz) p. 1870 del original en inglés.
2. Ver 1 Corintios 11:3; Efesios 5:22, 24; Colosenses 3:18; Tito 2:5.

Capítulo 15: Ver la humildad en acción

1. M. R. DeHaan y Henry G. Bosch, *Our Daily Bread* [Nuestro pan diario] (Grand Rapids, MI: Zondervan Publishing House, 1982), 2 de diciembre.
2. Ver Romanos 1:1; Filipenses 1:1 y Tito 1:1.

Capítulo 16: Seguir el camino menos recorrido de la humildad

1. Mateo 14:29-30; 16:21-22; Lucas 22:33.

Capítulo 17: Dejar de buscar la satisfacción en todos los lugares equivocados

1. *Common Worship: Services and Prayers for the Church of England* [Adoración: servicios y oraciones para la Iglesia de Inglaterra] (London: The Archbishop's Council of the Church of England 2000-2006), "Night Prayer" (Completas) "Collect" opción.

Capítulo 18: Vivir con gracia y gloria

1. Julia H. Johnston, "Grace greater than our Sin" [Gracia más grande que nuestro pecado], *Hymns Tried and True* [Himnos ciertos y verdaderos] (Chicago: Bible Institute Colportage Association, 1911), #2.

Capítulo 20: Caminar en paz y libertad

1. Curtis Vaugham, *The New Testament from 26 translations* [26 traducciones del Nuevo Testamento] (Grand Rapids, MI: Zondervan Publishing House, 1967).

Capítulo 21: Creer y vivir el plan de Dios

1. William J. Petersen y Randy Petersen, *One Year Book of Psalms* [El Libro de los Salmos en un año] (Wheaton, IL: Tyndale House Publishers, Inc. 1999), 6 de julio.
2. Jack Canfield y Mark Victor Hansen, *Chicken Soup Series* [Serie Sopa de pollo] (Deerfield Beach, FL: Health Communications Inc).
3. Jack Canfield y Mark Victor Hansen, *Chicken Soup for the Soul: Living your Dreams* [Sopa de pollo para el alma: Vive tus sueños] (Deerfield Beach, FL: Health Communications Inc., 2003), pp. 238-41.
4. Curtin Vaugham, *The New Testament from 26 translations*, p. 913.